KB234747

잘~ 통하는
여행 일본어

잘~ 통하는 **여행 일본어**

찍은날 ┃ 2009년 7월 10일 인쇄
펴낸날 ┃ 2009년 7월 17일 발행

지은이 ┃ 소 현 점
펴낸이 ┃ 조 명 숙
펴낸곳 ┃ 돌판 **맑은창**
등록번호 ┃ 제16-2083호
등록일자 ┃ 2000년 1월 17일

주소 ┃ 서울 · 금천구 가산동 771 두산 112-502
전화 ┃ (02) 851-9511
팩스 ┃ (02) 852-9511
전자우편 ┃ hannae21@korea.com

ISBN 89-86607-48-4 03730

값 5,000원

잘~ 통하는

여행 일본어

소 현 점 지음

도서
출판 맑은창

이책을
펴내면서

사람들은 대부분 한 번도 가 보지 않는 나라에 대해 궁금해 하고 가 보고 싶어한다. 요즘은 텔레비전이나 신문, 잡지 등 여러 매체들이 가 볼 만한 나라들을 소개하고 있어 호기심을 더욱 자극한다.

일본 여행을 가이드 없이 혼자 또는 몇 명이 어울려 배낭여행을 떠나기도 한다. 가이드가 동반하는 단체 관광이라도 따로 자유여행을 할 수 있는 기회가 있는데, 일본어 회화에 자신이 없으면 불안할 수밖에 없다. 물론 궁하면 통하듯이 급할 때는 몸짓이나 얼굴 표정으로 의사 표현을 할 수는 있겠지만, 여행에 필요한 기본적인 일본어 회화를 미리 익혀둔다면 훨씬 자유롭게 일본 여행을 즐길 수 있을 것이다.

이 책은 연령에 관계없이 누구나 출발할 때부터 여행을 마치고 돌아올 때까지 꼭 필요한 일본어 회화를 상황별, 장소별로 분류하고, 필요한 정보도 소개했다. 또한 여행중에 말이 막힐 때 쉽게 이용할 수 있도록 한글로 토를 달아 놓았다.

자, 이제부터 자신감을 가지고 《잘 통하는 여행일본어》와 함께 일본 여행을 떠나 봅시다.

오십음도(五十音図)

별색으로 표기된 글자는 히라가나의 자원(字源)입니다.

段 行	あ 段	い 段	う 段	え 段	お 段
あ行	あ 安 아 (a)	い 以 이 (i)	う 宇 우 (u)	え 衣 에 (e)	お 於 오 (o)
か行	か 加 카 (ka)	き 幾 키 (ki)	く 久 쿠 (ku)	け 計 케 (ke)	こ 己 코 (ko)
さ行	さ 左 사 (sa)	し 之 시 (si)	す 寸 스 (su)	せ 世 세 (se)	そ 曽 소 (so)
た行	た 太 타 (ta)	ち 知 치 (chi)	つ 川 츠 (tsu)	て 天 테 (te)	と 止 토 (to)
な行	な 奈 나 (na)	に 仁 니 (ni)	ぬ 奴 누 (nu)	ね 称 네 (ne)	の 乃 노 (no)
は行	は 波 하 (ha)	ひ 比 히 (hi)	ふ 不 후 (hu)	へ 部 헤 (he)	ほ 保 호 (ho)
ま行	ま 末 마 (ma)	み 美 미 (mi)	む 武 무 (mu)	め 女 메 (me)	も 毛 모 (mo)
や行	や 也 야 (ya)		ゆ 由 유 (yu)		よ 与 요 (yo)
ら行	ら 良 라 (ra)	り 利 리 (ri)	る 留 루 (ru)	れ 礼 레 (re)	ろ 呂 로 (ro)
わ行	わ 和 와 (wa)				を 袁 오 (wo)
	ん 无 응 (n,ng)				

가타카나(カタカナ)

별색으로 표기된 글자는 가타카나의 자원(字源)입니다.

行＼段	ア 段	イ 段	ウ 段	エ 段	オ 段
ア行	ア 阿 아 (a)	イ 伊 이 (i)	ウ 宇 우 (u)	エ 江 에 (e)	オ 於 오 (o)
カ行	カ 加 카 (ka)	キ 幾 키 (ki)	ク 久 쿠 (ku)	ケ 介 케 (ke)	コ 己 코 (ko)
サ行	サ 散 사 (sa)	シ 之 시 (si)	ス 須 스 (su)	セ 世 세 (se)	ソ 曽 소 (so)
タ行	タ 多 타 (ta)	チ 千 치 (chi)	ツ 川 츠 (tsu)	テ 天 테 (te)	ト 止 토 (to)
ナ行	ナ 奈 나 (na)	ニ 二 니 (ni)	ヌ 奴 누 (nu)	ネ 称 네 (ne)	ノ 乃 노 (no)
ハ行	ハ 八 하 (ha)	ヒ 比 히 (hi)	フ 不 후 (hu)	ヘ 部 헤 (he)	ホ 保 호 (ho)
マ行	マ 万 마 (ma)	ミ 三 미 (mi)	ム 牟 무 (mu)	メ 女 메 (me)	モ 毛 모 (mo)
ヤ行	ヤ 也 야 (ya)		ユ 由 유 (yu)		ヨ 与 요 (yo)
ラ行	ラ 良 라 (ra)	リ 利 리 (ri)	ル 流 루 (ru)	レ 礼 레 (re)	ロ 呂 로 (ro)
ワ行	ワ 和 와 (wa)				ヲ 乎 오 (wo)
	ン 无 응 (n,ng)				

히라가나 탁음(濁音) · 반탁음(半濁音)

が	ぎ	ぐ	げ	ご
가[ga]	기[gi]	구[gu]	게[ge]	고[go]
ざ	じ	ず	ぜ	ぞ
자[za]	지[zi]	즈[zu]	제[ze]	조[zo]
だ	ぢ	づ	で	ど
다[da]	지[dsi]	즈[dsu]	데[de]	도[do]
ば	び	ぶ	べ	ぼ
바[ba]	비[bi]	부[bu]	베[be]	보[bo]
ぱ	ぴ	ぷ	ぺ	ぽ
파[pa]	피[pi]	푸[pu]	페[pe]	포[po]

 ## 가타카나 탁음(濁音) · 반탁음(半濁音)

ガ	ギ	グ	ゲ	ゴ
가[ga]	기[gi]	구[gu]	게[ge]	고[go]
ザ	ジ	ズ	ゼ	ゾ
자[za]	지[zi]	즈[zu]	제[ze]	조[zo]
ダ	ヂ	ヅ	デ	ド
다[da]	지[dsi]	즈[dsu]	데[de]	도[do]
バ	ビ	ブ	ベ	ボ
바[ba]	비[bi]	부[bu]	베[be]	보[bo]
パ	ピ	プ	ペ	ポ
파[pa]	피[pi]	푸[pu]	페[pe]	포[po]

きゃ	きゅ	きょ	キャ	キュ	キョ
캬, 꺄[kya]	큐, 뀨[kyu]	쿄, 꾜[kyo]	캬, 꺄[kya]	큐, 뀨[kyu]	쿄, 꾜[kyo]
しゃ	しゅ	しょ	シャ	シュ	ショ
샤[sya]	슈[syu]	쇼[syo]	샤[sya]	슈[syu]	쇼[syo]
ちゃ	ちゅ	ちょ	チャ	チュ	チョ
챠, 쨔[cya]	츄, 쮸[cyu]	쵸, 쬬[cyo]	챠, 쨔[cya]	츄, 쮸[cyu]	쵸, 쬬[cyo]
にゃ	にゅ	にょ	ニャ	ニュ	ニョ
냐[nya]	뉴[nyu]	뇨[nyo]	냐[nya]	뉴[nyu]	뇨[nyo]
ひゃ	ひゅ	ひょ	ヒャ	ヒュ	ヒョ
햐[hya]	휴[hyu]	효[hyo]	햐[hya]	휴[hyu]	효[hyo]
みゃ	みゅ	みょ	ミャ	ミュ	ミョ
먀[mya]	뮤[myu]	묘[myo]	먀[mya]	뮤[myu]	묘[myo]
りゃ	りゅ	りょ	リャ	リュ	リョ
랴[rya]	류[ryu]	료[ryo]	랴[rya]	류[ryu]	료[ryo]
ぎゃ	ぎゅ	ぎょ	ギャ	ギュ	ギョ
갸[gya]	규[gyu]	교[gyo]	갸[gya]	규[gyu]	교[gyo]
じゃ	じゅ	じょ	ジャ	ジュ	ジョ
쟈[zya]	쥬[zyu]	죠[zyo]	쟈[zya]	쥬[zyu]	죠[zyo]
ぢゃ	ぢゅ	ぢょ	ヂャ	ヂュ	ヂョ
쟈[ja]	쥬[ju]	죠[jo]	쟈[ja]	쥬[ju]	죠[jo]
びゃ	びゅ	びょ	ビャ	ビュ	ビョ
뱌[bya]	뷰[byu]	뵤[byo]	뱌[bya]	뷰[byu]	뵤[byo]
ぴゃ	ぴゅ	ぴょ	ピャ	ピュ	ピョ
퍄[pya]	퓨[pyu]	표[pyo]	퍄[pya]	퓨[pyu]	표[pyo]

목 차

목 차

목 차

chapter **01**

기본 일본어

기본 일본어

❶ 안녕(하세요). (아침 인사)

おはよう(ございます)。
오하요-(고자이마스).

❷ 안녕하세요. (낮 인사)

こんにちは。
콘니찌와.

❸ 안녕하세요. (저녁 인사)

こんばんは。
콤방와.

❹ 안녕히 주무세요. (밤 늦게 헤어질 때 인사로도 씀)

おやすみなさい。
오야스미나사이.

❺ 잘 자. / 잘 자거라.

おやすみ。
오야스미.

❻ 안녕히 가세요(계세요). (서로 헤어질 때 인사)

さようなら。
사요-나라.

❼ 또 뵙겠습니다.

また、お会いしましょう。
마따, 오아이시마쇼-.

❽ 몸조심하세요. / 살펴가세요.

お気をつけて。
오키오 쯔께떼.

❾ 타나까 군, 안녕? (잘 있었나?)

たなかくん、おはよう。
타나까쿵, 오하요-.

❶ 잘 지내십니까?

お元気ですか。
오겡끼데스까.

❷ 네, 덕택에요.

はい、おかげさまで。
하이, 오까게사마데.

❸ 네, 잘 지냅니다.

はい、げんきです。
하이, 겡끼데스.

❹ ○○○ 씨는요?

○○○ さんは。
○○○상와.

❺ 그럭저럭이요.

まあまあです。
마-마-데스.

❻ 네, 별고 없습니다.

はい、かわり ありません。
하이, 카와리 아리마셍.

unit 3 헤어질 때 인사

❶ 안녕히 가세요(안녕히 계세요).

さようなら。

사요-나라.

❷ 조심해서 가세요.

お気を つけて。

오키오 쯔께떼.

❸ 또 만납시다.

また、会いましょう。

마따, 아이마쇼-.

❹ 신세 많이 졌습니다.

お世話に なりました。

오세와니 나리마시따.

❺ 덕분에 즐거웠습니다.

おかげさまで、楽しかったです。

오카게사마데, 타노시깟따데스.

❻ 한국에 놀러와 주세요.

韓国に 遊びに 来て ください。

캉꼬꾸니 아소비니 키떼 쿠다사이.

❼ 기다리겠습니다.

お待ちします。

오마찌시마스.

❽ 메일 보내겠습니다.

メ-ルします。

메-루시마스.

❾ 수고하셨습니다.

おつかれさまでした。

오쯔까레사마데시따.

❿ 그럼, 실례하겠습니다.

それでは(じゃ) しつれいします。

소레데와(쟈) 시쯔레-시마스.

⓫ 먼저 실례하겠습니다.

おさきに しつれいいたします。

오사끼니 시쯔레-이따시마스.

⓬ 그럼, 이만.

じゃあね。

쟈-네.

unit 4 외출 · 귀가 / 축하 인사

❶ 다녀오겠습니다.
いって きます。
잇떼 키마스.

❷ 다녀오세요.
いってらっしゃい。
잇떼랏샤이.

❸ 다녀왔습니다.
ただいま。
타다이마.

❹ 잘 다녀오셨어요? / 잘 갔다왔니?
おかえりなさい。 / おかえり。
오카에리나사이. / 오카에리.

❺ 잘 갔다왔니?
おかえり。
오카에리.

❻ 축하합니다.
おめでとうございます。
오메데또-고자이마스.

❼ 축하한다. / 축하해.

おめでとう。

오메데또-.

❽ 결혼 축하드립니다.

ご結婚 おめでとう ございます。

고켁꽁 오메데또- 고자이마스.

❾ 생신 축하드립니다.

お誕生日 おめでとうございます。

오탄죠-비 오메데또-고자이마스.

❿ 졸업 축하합니다.

ごそつぎょう おめでとう ございます。

고소쯔교- 오메데또- 고자이마스.

⓫ 새해 복 많이 받으세요.(신년을 축하합니다.)

新年 おめでとう ございます。

신넹 오메데또- 고자이마스.

⓬ 새해 복 많이 받으세요.

あけまして おめでとうございます。

아께마시떼 오메데또-고자이마스

unit 5 | **자기 소개**

❶ 처음 뵙겠습니다.
はじめまして。
하지메마시떼.

❷ 저는 ○○○입니다.
私は ○○○です。
와따시와 ○○○데스.

❸ 저는 ○○○라고 합니다.
私は ○○○と申します。
와따시와 ○○○또 모-시마스.

❹ 제 명함입니다.
どうぞ、私の 名刺です。
도-조, 와따시노 메-시데스.

❺ 당신의 이름은 무엇입니까?
あなたの お名前は なんですか。
아나따노 오나마에와 난데스까.

❻ 잘 부탁합니다.
どうぞ、よろしく (お願いします)。
도-조, 요로시꾸(오네가이시마스).

❼ 저야말로 잘 부탁합니다.

こちらこそ よろしく。

코찌라꼬소 요로시꾸.

❽ 뵙게 되어 반갑습니다.

お会いできて うれしいです。

오아이데끼떼 우레시-데스.

❾ 실례지만, 모국은 어디세요?

失礼ですが、お国は どちらですか。

시쯔레-데스가, 오쿠니와 도찌라데스까.

❿ 한국에서 왔습니다.

韓国から 来ました。

캉꼬꾸까라 키마시따.

⓫ 저는 한국사람 입니다.

私は 韓国人です。

와따시와 캉꼬꾸징데스.

⓬ 실례지만, 직업은 무엇입니까?

失礼ですが、お仕事は 何ですか。

시쯔레-데스가, 오시고또와 난데스까.

⓭ 학생(회사원 /주부)입니다.

学生(かいしゃいん/しゅふ)です。

각세이(카이샤인/슈후/코-무인)데스.

⓮ 저는 교사(의사)입니다.

わたしは 先生(医者)です。

와따시와 센세-(이샤)데스.

⓯ 김씨는 학생입니까?

きむさんは 学生ですか。

키무상와 각세-데스까.

⓰ 네, 그렇습니다.

はい、そうです。

하이, 소-데스.

⓮ 혼자(친구와) 왔습니다.

一人で(友だちと)来ました。

히또리데(토모다찌또)키마시따.

⓯ 여행(투어로/업무차) 왔습니다.

旅行に (ツア-で / 仕事で)来ました。

료꼬-니(쯔아-데 / 시고또데)키마시따.

❶ (대단히 / 여러 가지로 / 친절에) 감사합니다.
   (どうも / いろいろと / ご親切に)
   ありがとうございます。
   (도-모 / 이로이로또 / 고신세쯔니)
   아리가또-고자이마스.

❷ 감사합니다. / 고맙습니다.
   (ありがとうございますが 생략된 표현)
   どうも。
   도-모.

❸ 고마워. (가볍게 고맙다고 인사할 때)
   ありがとう。
   아리가또-.

❹ 여러 가지로 신세를 많이 졌습니다.
   いろいろ お世話になりました。
   이로이로 오세와니 나리마시따.

❺ 정말로 도움이 되었습니다.
   ほんとうに 助かりました。
   혼또-니 타스까리마시따.

❻ 지난번엔 정말 고마웠습니다.

先日は どうも (ありがとうございました)。
센지쯔와 도-모 (아리가또-고자이마시따).

❼ 천만에요.

どういたしまして。
도-이따시마시떼.

❽ 저야말로 감사합니다.

こちらこそ ありがとう ございます。
코찌라코소 아리가또- 고자이마스.

 **알아두세요**

どうぞ(도-조)와 どうも(도-모)의 표현

● どうぞ는 뒷말을 생략한 채로 뭔가 권유하고 요구할 때 영어의 please와 같은 상황에 쓰입니다.

● どうぞ의 응답으로 どうも(감사합니다 ありがとうございます가 생략된 표현), 즉, どうぞ(도-조)라고 권할 때 どうも(도-모)로 응답하면 됩니다.

❶ 예. / 예. 그렇습니다.

はい。/ はい、そうです。

하이. / 하이, 소-데스.

❷ 아니오. / 아니오, 그렇지 않습니다.

いいえ。/ いいえ、そうでは ありません。

이-에. / 이-에, 소-데와 아리마셍.

❸ 알겠습니다.

分かりました。

와까리마시따.

❹ 모르겠습니다.

分かりません。

와까리마셍.

❺ 일본어를 전혀 못합니다.

日本語が 全然 出来ません。

니홍고가 젠젠 데끼마셍.

❻ 아니오, 됐습니다. (거절)

いいえ、結構です。

이-에, 켁꼬-데스.

unit 8 사과와 그에 대한 응답

❶ 죄송합니다. / 미안합니다.
(실례합니다의 의미로도 쓰인다)

すみません。
스미마셍.

❷ 죄송했습니다.

すみませんでした。
스미마센데시따.

❸ 죄송해요. / 미안해요.

ごめんなさい。
고멘나사이.

❹ 늦어서 미안합니다.

おそくなって すみません。
오소꾸낫떼 스미마셍.

❺ 기다리게 해서 미안합니다.

お待たせしました。 / お待たせして すみません。
오마따세시마시따. / 오마따세시떼 스미마셍.

❻ 괜찮아요.

大丈夫です。
다이죠-부데스.

❼ 신경 쓰지 마세요. / 걱정마세요.

気にしないで ください。

키니시나이데 쿠다사이.

❽ 걱정마세요.

ご心配なく。

고심빠이나꾸.

❾ 상관없어요.

かまいません。

카마이마셍.

❿ 아니오, 천만에요.

いいえ、どういたしまして。

이-에, 도-이따시마시떼.

unit 9 의 뢰

❶ 실례합니다.
失礼します。
시쯔레-시마스.

❷ 부탁할 게 있는데요.
お願いが ありますが。
오네가이가 아리마스가.

❸ 부탁합니다.
お願いします。
오네가이시마스.

❹ 커피(계산 / 영수증) 부탁합니다.
コーヒー(お勘定 / レシート)を お願いします。
코-히-(오칸죠- / 레시-토)오 오네가이시마스.

❺ 커피(영수증 / 표 한 장)를 주십시오.
コーヒー(領収証 / 切符 一枚)を ください。
코-히-(료-슈-쇼- / 킵뿌 이찌마이)오 쿠다사이.

❻ 살려 주세요. / 도와 주세요.
助けてください。
타스께떼 쿠다사이.

❼ 잠시 기다려 주세요.

ちょっと 待って ください。
촛또 맛떼 쿠다사이.

❽ 잠시 기다려 주십시오.

少々 お待ちください。
쇼-쇼- 오마찌쿠다사이.

❾ 서둘러 주세요.

急いで ください。
이소이데 쿠다사이.

알아두세요

일본어에서 무척 많이 쓰이는 "すみません"

すみません은 사과 표현이기도 하지만 의뢰, 부탁,
질문 등을 할 때 먼저 すみません(が) 실례합니다(만)
라고 말한 뒤 용건을 말하면 더욱 부드러운 의사 소통
이 될 수 있으므로 익숙해지도록 하세요.

unit 10 **반문**

❶ 죄송합니다, 잘 알아듣지 못했습니다.

すみません、よく 聞取れませんでした。
스미마셍, 요꾸 키끼또레마센데시따.

❷ 정말이세요?

ほんとうですか。
혼또-데스까.

❸ 죄송합니다. 뭐라고 말씀하셨습니까?

すみません、何と おっしゃいましたか。
스미마셍, 난또 옷샤이마시따까.

❹ 다시 한 번 말씀해 주십시오.

もう 一度 おっしゃってください。
모- 이찌도 옷샷떼 쿠다사이.

❺ 조금 천천히 말씀해 주십시오.

もう 少し ゆっくり 話して ください。
모- 스꼬시 육꾸리 하나시떼 쿠다사이.

❶ 잘 먹겠습니다. (식사 전)
いただきます。
이따다끼마스.

❷ 잘 먹었습니다. (식사 후)
ごちそうさま(でした)。
고찌소-사마(데시따).

❸ 잘 먹겠습니다. 맛있어 보이는군요.
いただきます。おいしそうですね。
이따다끼마스. 오이시소-데스네.

❹ 굉장히 맛있습니다.
とても おいしいです。
토떼모 오이시-데스.

❺ 아주 제 입에 딱 맞습니다.
とても わたしの くちに あいます。
토떼모 와따시노 쿠찌니 아이마스.

❻ 배가 부릅니다.
もう おなかが いっぱいです。
모- 오나까 입빠이데스.

unit 12 질문

❶ (이것은) 얼마입니까?

(これは) いくらですか。
(코레와) 이꾸라데스까.

❷ 이것은 무엇입니까?

これは 何ですか。
코레와 난데스까.

❸ (프라자호텔)은 어디입니까?

(プラザホテル)は どこ(どちら)ですか。
(푸라자호테루)와 도꼬(도찌라)데스까.

(화장실 / ~백화점 / ~미술관 / 식당)

(トイレ / ~デパート / ~美術館 / 食堂)
(토이레 / ~데빠-또 / ~비쥬쯔깡 / 쇼꾸도-)

❹ 얼마나 걸립니까?

どのくらい かかりますか。
도노쿠라이 카까리마스까.

❺ 어떻게 가면 됩니까?

どうやって 行けば いいですか。
도-얏떼 이께바 이-데스까.

❻ 무엇을 타면 갈 수 있습니까?

何に 乗って いきますか。

나니니 놋떼 이끼마스까.

❼ 몇 시에(어디에서) 만날까요?

何時に (どこで) あいましょうか。

난지니(도꼬데) 아이마쇼-까.

❽ 전화 번호는 몇 번입니까?

電話番号は 何番ですか。

뎅와방고-와 남반데스까.

❾ 이것은 무슨 의미입니까?

これは 何の意味ですか。

코레와 난노 이미데스까.

❿ 실례합니다. 화장실은 어디입니까?

すみません。お手洗いは どこですか。

스미마셍. 오테아라이와 도꼬데스까.

⓫ 지금 몇 시입니까?

いま なんじですか。

이마 난지데스까.

⓬ 어디 가십니까?

どこへ おでかけですか。

도꼬에 오데까께데스까.

⑬ 실례지만, 나이가 몇이세요?

しつれいですが、おいくつですか。

시쯔레-데스가, 오이꾸쯔데스까.

⑭ 역에서 가깝습니까?

駅から ちかいですか。

에끼까라 치까이데스까.

⑮ 그건 어떻게 다릅니까?

それらは どう ちがいますか。

소레라와 도- 치가이마스까.

⑯ 여기에서 멉니까(가깝습니까)?

ここから とおい(ちかい)ですか。

코꼬까라 토-이(치까이)데스까.

⑰ 타나까 씨의 취미는 무엇입니까?

田中さんの 趣味は なんですか。

타나까산노 슈미와 난데스까.

⑱ 어떤 음악을 좋아합니까?

どんな 音楽が すきですか。

돈나 옹가꾸가 스끼데스까.

기내에서

기내에서

❶ 실례합니다, 제 자리는 어디입니까?

すみません、私の席は どこですか。

스미마셍, 와따시노세끼와 도꼬데스까.

❷ 좌석 번호는 몇 번입니까?

座席番号は 何番ですか。

자세끼방고-와 남반데스까.

❸ 탑승권을 보여 주시겠어요?

搭乗券を お見せください。/

拝見させて いただきます。

토-죠-껭오 오미세쿠다사이. /

하이껜사세떼 이따다끼마스.

❹ 실례합니다만, 여기는 제 자리인데요.

失礼ですが、ここは 私の 席ですが。

시쯔레-데스가, 코꼬와 와따시노 세끼데스가.

❺ 저기 (창가 쪽 자리)입니다.

あそこの 窓側の席です。
아소꼬노 (마도가와노 세끼)데스.

(통로 쪽 자리 / 중앙석)

(通路側の席 / 中央席)
(쯔-로가와노 세끼 / 쮸-오-세끼)

❻ 잠깐 실례하겠습니다.

ちょっと 失礼します。
춋또 시쯔레-시마스.

❼ 죄송한데요, 좀 지나가겠습니다.

すみませんが ちょっと 通してください。
스미마셍가 춋또-시떼 쿠다사이.

❽ 이것을 어디에 두면 좋겠습니까?

これを どこに 置いたら いいですか。
코레오 도꼬니 오이따라 이-데스까.

❾ 짐을 여기에 두어도 됩니까?

荷物を ここに 置いても いいですか。
니모쯔오 코꼬니 오이떼모 이-데스까.

❿ 사용법을 가르쳐 주세요.

使い方を 教えて ください。
쯔까이까따오 오시에떼 쿠다사이.

⑪ 의자를 뒤로 젖혀도 되겠습니까?

シ-トを 倒しても いいですか。

시-또오 타오시떼모 이-데스까.

⑫ 몇 시에 도착합니까?

なんじに つきますか。

난지니 쯔끼마스까.

⑬ 안전 벨트를 매십시오.

シ-トベルトを おしめください。

시-토 베루토오 오시메쿠다사이.

관련용어

● 항공권	航空券	코-꾸-껭
● 비상구	非常口	히죠-구찌
● 스튜어디스	スチュワ-デス	스츄와-데스
● 남성 승무원	スチュワ-ド	스츄와-도
● 안전 벨트	シ-トベルト	시-또베루또
● 이륙	離陸	리리꾸
● 착륙	着陸	챠꾸리꾸
● 승객	乗客	죠-캬꾸
● 면세품	免税品	멘제-힝

unit 2 기내식

❶ 음료수 드릴까요?
   お飲み物は いかがですか。
   오노미모노와 이까가데스까.

❷ 커피(홍차) 주세요.
   コ-ヒ-(紅茶) ください。
   코-히-(코-쨔) 쿠다사이.

❸ 아니오(됐습니다).
   いいえ(けっこうです)。
   이-에(켁꼬-데스).

❹ 음료수는 뭘로 하시겠습니까?
   お飲み物は 何に なさいますか。
   오노미모노와 나니니 나사이마스까.

❺ 주스(커피/와인/콜라)로 하겠습니다.
   ジュ-ス(コ-ヒ-/ワイン/コ-ラ)にします。
   쥬-스(코-히-/와인/코-라)니 시마스.

❶ 한국 신문(잡지) 있습니까?

韓国の新聞(雑誌)は ありますか。

캉꼬꾸노 심붕(잣시)와 아리마스까.

❷ 물(모포/입국 카드)을 좀 주시겠습니까?

お水(毛布/入国カード)を いただけますか。

오미즈(모-후/뉴-꼬꾸카-도)오 이따다께마스까.

❸ 잠시 기다려 주십시오.

少々 お待ちください。

쇼-쇼- 오마찌쿠다사이.

❹ 입국 카드를 한 장 더 주세요.

入国カードを もう 一枚 ください。

뉴-꼬꾸카-도오 모- 이찌마이 쿠다사이.

❺ 입국 카드 쓰는 법을 알려주십시오.

入国カードの 書き方を おしえてください。

뉴-꼬꾸카-도노 카끼까따오 오시에떼 쿠다사이.

unit 4　기내 면세품 쇼핑

❶ 기내에서 면세품을 팝니까?

機内で 免税品を 売って いますか。
키나이데 멘제-힝오 웃떼 이마스까.

❷ 면세품은 살 수 있습니까?

免税品は 買えますか。
멘제-힝와 카에마스까.

❸ 카탈로그를 보여주세요.

カタログを 見せてください。
카타로구오 미세떼 쿠다사이.

❹ 술은 몇 병까지 살 수 있습니까?

お酒は 何本まで 買えますか。
오사께와 남봄마데 카에마스까.

❺ (이것은/모두) 얼마입니까?

(これは / 全部で) いくらですか。
(코레와/젬부데) 이꾸라데스까.

❻ 이것을 주세요.

これを ください。
코레오 쿠다사이.

❼ 죄송합니다만, 이것은 품절입니다.

申し訳ございませんが、これは 品切です。

모-시와께고자이마셍가, 코레와 시나기레데스.

❽ 신용카드(원)로 지불해도 됩니까?

**クレジットカ-ド(ウォン)で 払っても
いいですか。**

쿠레짓또카-도(원)데 하랏떼모 이-데스까.

❾ 원(한국돈)도 받습니까?

ウォンで いいですか。

원데 이-데스까.

❿ 원(달러)으로 얼마입니까?

ウォン(ドル)で いくらですか。

원(도루)데 이쿠라데스까.

⓫ (담배)는 있습니까?

(たばこ)は ありますか。

(타바꼬)와 아리마스까.

(위스키 / 초콜릿 / 향수 / 화장품 / 만년필)

(ウイスキ- / チョコレ-ト / 香水 / 化粧品)

(우이스끼- / 쵸꼬레-또 / 코-스이 / 케쇼-힝)

⑫ 좀더 싼 물건은 없습니까?

もう すこし やすいものは ありませんか。

모– 스꼬시 야스이모노와 아리마셍까.

⑬ 이것은 어떠십니까?

これは いかがですか。

코레와 이까가데스까.

⑭ 이것을 두 개 주십시오.

これを ふたつ ください。

코레오 후따쯔 쿠다사이.

알아두세요

일본 출입국 카드 작성

기내에서 나눠주는 일본 출입국 카드를 작성해서 입국 심사 때 제시해야 합니다. 기재 내용은 여권과 동일해야 하며, 입국 목적, 체류 기간, 일본 내 숙소와 숙소의 전화번호 등입니다.

주의할 점은 한자나 영문으로 표기해야 하는데, 주소의 한자나 영문 표기를 몰라 당황할 수 있으므로 출국 전에 메모를 해두면 도움이 될 것입니다.

일본 입국 때 면세 반입 허용 기준

주류 3병, 담배 200개비, 향수 2온스, 물품 가격 합계 20만 엔 이하

chapter 03

일본에 입국하기

일본에 입국하기

unit 1 입국 심사

❶ 여권과 입국 카드를 보여주세요.

パスポートと 入国カードを 見せて ください。
파스뽀-또또 뉴-꼬꾸카-도오 미세떼 쿠다사이.

❷ 입국(입항) 목적은 무엇입니까?

入国(入港)の目的は 何ですか。
뉴-꼬꾸(뉴-꼬-)노 모꾸떼끼와 난데스까.

❸ (여행)입니다.

(旅行) です。
(료꼬-)데스.

(관광/비즈니스/방문)

(観光 / ビジネス / 訪問)
(캉꼬-/비지네스/호-몬)

❹ 일본에는 몇 일 정도 있을 예정입니까?

日本には 何日ぐらい 滞在する 予定ですか。
니혼니와 난니찌구라이 타이자이스루 요떼-데스까.

❺ 4일간(일주일/5일간)입니다.

四日間(一週間/五日間)です。

욕까깐(잇슈-깐/이쯔까깐)데스.

❻ 여기에 한국어 할 수 있는 사람 없습니까?

ここに 韓国語のできる ひとは いませんか。

코꼬니 캉꼬꾸고노데끼루 히또와 이마셍까.

❼ 어디에 머물 예정입니까?

どこに とまる 予定ですか。

도꼬니 토마루 요떼-데스까.

❽ ~호텔(친구 집)입니다.

~ホテル(友だちのところ)です。

~호테루(토모다찌노 토꼬로)데스.

❾ 돌아갈 항공권은 가지고 있습니까?

帰りの航空券は 持って いますか。

카에리노 코-꾸-껭와 못떼 이마스까.

❿ 네, 가지고 있습니다. 이것입니다.

はい、持っています。これです。

하이, 못떼 이마스. 코레데스.

⓫ 일본은 처음입니까?

日本は はじめてですか。

니홍와 하지메떼데스까.

⑫ 네, 처음입니다.

はい、はじめてです。

하이, 하지메떼데스.

2번째입니다.

二度(二回)目です。

니도(니까이)메데스.

3번째입니다.

三度(三回)目です。

산도(상까이)메데스.

❶ 짐(수하물)은 어디서 찾습니까?

荷物(手荷物)は どこで 受け取りますか。

니모쯔(테니모쯔)와 도꼬데 우께또리마스까.

❷ 타고 오신 항공편은 무엇입니까?

乗って きた 航空便は 何ですか。

놋떼 키따 코-꾸-빙와 난데스까.

❸ 항공 카운터는 어디입니까?

航空カウンタ-は どこですか。

코-꾸-카운타-와 도꼬데스까.

❹ 제 짐(여행용 가방)이 아직 나오지 않았습니다.

私の荷物(ス-ツケ-ス)が まだ 出て 来ません。

와따시노 니모쯔(스-쯔케-스)가 마다 데떼 기마셍.

❺ 제 짐이 보이지 않습니다.

私の荷物が 見つかりません。

와따시노 니모쯔가 미쯔까리마셍.

❻ 어떤 가방입니까?

どんな ス-ツケ-スですか。

돈나 스-쯔케-스데스까.

❼ 검은 여행용 가방이고, 표찰이 붙어 있습니다.

黒のス-ツケ-スで、名札が ついて います。

쿠로노 스-쯔케-스데, 나후다가 쯔이떼 이마스.

❽ 수하물 인환증은 갖고 있습니까?

手荷物受取証は 持って いますか。

테니모쯔우께또리쇼-와 못떼 이마스까.

❾ 네, 이것입니다(여기 있습니다).

はい、 これです。

하이, 코레데스.

❿ 어느 항공편을 이용하셨습니까?

どの便を 利用しましたか。

도노빙오 리요-시마시따까.

⓫ 대한항공(일본항공 / ANA)입니다.

KAL(JAL / ANA)です。

카루(자루 / 아나)데스.

⓬ 만약 찾지 못한다면 어떻게 하면 됩니까?

もし 見つからなかったら どうすれば いいですか。

모시 미쯔까라나깟따라 도- 스레바 이-데스까.

⓭ 항공 카운터에 분실 신고를 해주세요.

航空カウンタ-に 紛失届けを 出して ください。

코-꾸-카운따-니 훈시쯔토도게오 다시떼 쿠다사이.

❶ 여권(세관 신고서)을 보여 주세요.

パスポート(税関申告証)を 見せて ください。
파스뽀-또(제-깐싱꼬꾸쇼-)오 미세떼 쿠다사이.

❷ 신고할 것이 있습니까?

なにか 申告する ものは ありますか。
나니까 싱꼬꾸스루 모노와 아리마스까.

❸ 없습니다.

ありません。
아리마셍.

있습니다.

あります。
아리마스.

❹ 가방(여행용 가방)을 열어 주세요.

かばん(スーツケース)を あけて ください。
카방(스-쯔케-스)오 아께떼 쿠다사이.

❺ 가방 속을 보여 주세요.

かばんの中を 見せて ください。
카반노나까오 미세떼 쿠다사이.

❻ 이것은 무엇입니까?

これは 何ですか。

코레와 난데스까.

❼ 선물(일용품)입니다.

お土産(身の回り品)です。

오미야게(미노마와리힌)데스.

❽ 제가 사용하고 있는 (것)입니다.

私が 使っているものです。

와따시가 츠깟떼 이루 모노데스.

(디지털 카메라/노트북)

(デジカメ / ノ-トパソコン)

(데지카메/노-또파소꼰)

❾ 술이나 담배를 가지고 있습니까?

お酒や たばこを 持って いますか。

오사께야 타바꼬오 못떼 이마스까.

❿ 위스키 1병과 담배를 가지고 있습니다.

ウイスキ- 一本と タバコを 持って います。

우이스끼- 입뽄또 타바꼬오 못떼 이마스.

⓫ 세금을 내야 합니까?

税金を はらわなければ なりませんか。

제-낑오 하라와나께레바 나리마셍까.

⑫ 이것은 세금을 내야 합니다.

これは 課税となります。

코레와 카제-또 나리마스.

⑬ (세금은) 얼마입니까?

(税金は)いくらですか。

(제-낑와) 이꾸라데스까.

⑭ 어디에서 (세금을) 냅니까?

どこで（税金を）払いますか。

도꼬데 (제-낑오) 하라이마스까.

❶ (관광 안내소)는 어디 있습니까?

(観光案内所)は　どこですか。

(캉꼬-안나이쇼)와 도꼬데스까.

(리무진 버스 승차장/택시 승차장)

(リムジンバス乗り場/タクシ-乗り場)

(리무진바스노리바/타꾸시-노리바)

(화장실/환전소/항공 카운터)

(トイレ/両替所/航空カウンタ-)

(토이레/료-가에죠/코-꾸-카운타-)

❷ 시내 지도(관광 팜플렛)를 주시겠습니까?

市内地図(観光パンフレット)を　いただけ
ますか。

시나이찌즈(캉꼬-팡후렛또)오 이따다께마스까.

❸ (나리타익스프레스)는 어디서 탑니까?

(成田エクスプレス)は　どこで　のりますか。

나리따에꾸스뿌레스와 도꼬데 노리마스까.

(케이세이스카이라이나)

(京成スカイライナ-)

(케-세-스카이라이나-)

❹ (~호텔에 가는) 리무진 버스는 어디에서 탈 수 있습니까?

**（〜ホテルへ いく） リムジンバスは どこで
乗れますか。**

(~호테루에 이꾸) 리무진바스와 도꼬데 노레마스까.

❺ 호텔(시내)까지는 어떻게 갑니까?

ホテル(市内)までは どうやって いきますか。

호테루(시나이)마데와 도-얏떼 이끼마스까.

❻ 시내까지는 어느 정도 걸립니까?

市内までは どのくらい かかりますか。

시나이마데와 도노쿠라이 카까리마스까.

❼ 신주쿠까지 가고 싶은데요, 무엇을 타면 될까요?

**新宿まで いきたいんですが、
何に 乗ったら いいですか。**

신쥬꾸마데 이끼따인데스가, 나니니 놋따라 이-데스까.

❽ 여기서 호텔 예약이 가능합니까?

ここで ホテルの予約が できますか。

코꼬데 호테루노 요야꾸가 데끼마스까.

❾ 우에노행 버스 승차장은 어디입니까?

上野行きの バス乗り場は どこですか。

우에노유끼노 바스노리바와 도꼬데스까.

❿ 표는 어디에서 삽니까?

切符は どこで 買いますか。

킵뿌와 도꼬데 카이마스까.

⓫ 다른(친절하고 싼) 호텔을 소개해 주세요.

ほかの(親切で 安い) ホテルを 紹介して
ください。

호까노(신세쯔데 야스이) 호테루오 쇼-까이시떼 쿠다사이.

⓬ 긴자에 가려면 무슨 선을 타면 됩니까?

銀座へ いくのには なにせんに のれば い
いですか。

긴자에 이꾸노니와 나니센니 노레바 이-데스까.

⓭ 매표소는 어디입니까?

切符売り場は どこですか。

킵뿌우리바와 도꼬데스까.

⓮ 리무진 버스는 몇 분 간격으로 출발합니까?

リムジンバスは なんぷんおきに でますか。

리무진바스와 남뿐오끼니 데마스까.

⓯ 저기 자동 판매기가 있습니다.

あそこに 自動販売機が あります。

아소꼬니 지도-함바이끼가 아리마스.

⓰ 중앙선은 몇 번 홈에서 출발합니까?

中央線は 何番ホームから 出ますか。
츄-오-셍와 남방호-무까라 데마스까.

⓱ 2번 홈입니다.

にばんホームです。
니방호-무데스.

⓲ 오사카까지는 뭘 타는 것이 좋습니까?

大阪までは なにに のった ほうが いいですか。
오-사까마데와 나니니 놋따 호-가 이-데스까.

⓳ 아키하바라에 가고 싶은데 어떻게 하면 좋겠습니까?

秋葉原へ いきたいんですが、
どうしたら いいですか。
아끼하바라에 이끼따인데스가,
도-시따라 이-데스까.

교통

교통

❶ 실례합니다만, 지하철역(매표소)은 어디입니까?

すみませんが、
地下鉄の駅(切符売り場)は どこですか。
스미마셍가,
치까테쯔노에끼(킵뿌우리바)와 도꼬데스까.

❷ (왕복/편도) 얼마입니까?

(往復/片道) いくらですか。
(오-후꾸/카따미찌) 이꾸라데스까.

❸ (동경역)까지 어느 정도 걸립니까?

(東京駅)まで どのくらい かかりますか。
(토-꾜-에끼)마데 도노쿠라이 카까리마스까.

(아키하바라/시나가와)

(秋葉原/品川)
(아끼하바라/시나가와)

❹ 다음 (버스)는 몇 시에 출발합니까?

次の (バス)は 何時に でますか。
쯔기노 (바스)와 난지니 데마스까.

(전철 / 지하철 / 열차 / 신칸센)
(電車 / 地下鉄 / 列車 / 新幹線)
(덴샤 / 치까테쯔 / 렛샤 / 싱깐센)

❺ 몇 분 간격으로 출발합니까?

何分おきに でますか。
남뿡오끼니 데마스까.

❻ ~으로 가는 것은 무슨 선입니까?

~へ行くのは 何線ですか。
~에 이꾸노와 나니센데스까.

❼ 표는 어디에서 살 수 있습니까?

切符は どこで 買えますか。
킵뿌와 도꼬데 카에마스까.

❽ 신주쿠(동경역 / 이케부쿠로)까지 얼마입니까?

新宿(東京駅 / 池袋)まで いくらですか。
신쥬꾸(토-꾜-에끼 / 이께부꾸로)마데 이꾸라데스까.

❾ ~행 버스는 어디서 탑니까?

~行の バスは どこで 乗りますか。
~유끼노 바스와 도꼬데 노리마스까.

❿ 어디서 갈아탑니까?

どこで のりか(乗り換)えるんですか。

도꼬데 노리까에룬데스까.

⓫ 어른 1장 주십시오.

大人 一枚 ください。

오또나 이찌마이 쿠다사이.

⓬ 어른 1장과 어린이 2장) 부탁합니다.

大人 一枚と 子供 にまい お願いします。

오또나 이찌마이또 코도모 니마이 오네가이시마스.

⓭ (~로 나가는) 출구(입구)는 어느 쪽입니까?

(~へ)の 出口(入り口)は どちらですか。

(~에)노 데구찌(이리구찌)와 도찌라데스까.

⓮ 마지막 전철은 몇 시입니까?

終電は 何時ですか。

슈-뎅와 난지데스까.

• 전철	電車	덴샤
• 지하철	地下鉄	치까테쯔
• 역	駅	에끼
• 출구	出口	데구찌
• 출입구	出入り口	데이리구찌
• 동(출구)	東(口)	히가시(구찌)
• 서(출구)	西(口)	니시(구찌)
• 남(출구)	南(口)	미나미(구찌)
• 북(출구)	北(口)	키따(구찌)
• 자판기	自動販売機	지도-함바이끼
• 매표소	切符売り場	킵뿌우리바
• 무슨 선	何線	나니센
• 홈	ホーム	호-무
• 표(티켓)	切符	킵뿌
• 山手線(전철노선 이름)		야마노떼센
• 中央線		츄-오-센
• 総武線		소-부센
• 銀座線		긴자센
• 회수권	回数券	카이스우껭
• 개찰구	改札口	카이사쯔구찌
• 발차	発車	핫샤
• 마지막 전철	終電	슈-뎅

❶ 다음은 동경역입니다.

つぎは 東京駅です。

쯔기와 토-꾜-에끼데스.

❷ 잠시 후에 전철이 도착합니다.

まもなく 電車が 参ります。

마모나꾸 덴샤가 마이리마스.

❸ 내리실 분은 잃은 물건이 없도록 내려주십시오.

お降りのかたは 忘れ物のないように
お降りください。

오오리노 카따와 와스레모노노 나이요-니
오오리 쿠다사이.

❹ 문이 닫힙니다. 조심하십시오.

ドアが 閉まります。ご注意ください。

도아가 시마리마스. 고쮸-이 쿠다사이.

❺ 위험하니까 흰 선 안쪽에서 기다려 주십시오.

危ないですから、
白線の 内側に おさがりください。

아부나이데스까라,
하꾸센노 우찌가와니 오사가리쿠다사이

unit 2 버스

❶ (~행) 버스 정류장은 어디입니까?

(〜行)の バス乗り場は どこですか。

(~유끼)노 바스노리바와 도꼬데스까.

(버스터미널 /매표소)

(バスタ-ミナル / 切符売り場)

(바스타–미나루 /킵뿌우리바)

❷ 리무진버스 승차장은 어디입니까?

リムジンバス乗り場は どこですか。

리무진바스노리바와 도꼬데스까.

❸ 어느 버스가 아사쿠사에 갑니까?

どのバスが 浅草へ 行きますか。

도노바스가 아사꾸사에 이끼마스까.

❹ 신오쿠보에 가는 버스는 어느 버스입니까?

新大久保へ 行く バスは どのバスですか。

싱오–꾸보에 이꾸 바스와 도노 바스데스까.

❺ ~에 갑니까?

〜へ 行きますか。

~에 이끼마스까.

❻ 다음 버스는 몇 시에 출발합니까?

次のバスは 何時に でますか。
쯔기노 바스와 난지니 데마스까.

❼ 몇 시에 도착합니까?

何時に つきますか。
난지니 쯔끼마스까.

❽ 몇 분 정도 걸립니까?

なんぷんぐらい かかりますか。
남뿡구라이 카까리마스까.

❾ 이 버스는 몇 분 간격으로 출발합니까?

このバスは 何分おきに でますか。
코노바스와 남뿡오끼니 데마스까.

❿ ~에 도착하면 알려 주십시오.

~に ついたら おしえて ください。
~니 쯔이따라 오시에떼 쿠다사이.

⓫ ~행 버스는 어디서 탑니까?

~行 バスは どこで 乗りますか。
~유끼 바스와 도꼬데 노리마스까.

관련용어

● 버스 정류장	**バス停**	바스테-
● 버스 승차장	**バス乗り場**	바스노리바
● 관광버스	**観光バス**	캉꼬-바스
● 동경 시내 관광버스 이름	**はとバス**	하또바스
● ~경유~행	**~経由~行**	~케-유~유끼
● 정리권	**整理券**	세-리껭
● 노선 버스	**路線バス**	로셈바스
(정해진 노선을 달리는 유료 버스)		
● 버스터미널	**バスタ‑‑ミナル**	바스타-미나루
● 노인석	**シルバ‑‑シ‑‑ト**	시루바-시-또
● 운임	**運賃**	운찡
● 회수권	**回数券**	카이스우껭

❶ 다음은 신주쿠 역에 정차합니다.

次は 新宿駅に 止まります。

쯔기와 신쥬꾸에끼니 토마리마스.

❷ 내리실 분은 벨을 눌러 주십시오.

お降りのかたは ベールを 押して ください。

오오리노 카따와 베-루오 오시떼 쿠다사이.

❸ 다른 손님에게 폐가 되므로
차내에서는 전원을 꺼 주십시오.

他の お客様に ご迷惑に なりますので
車内では 電源を お切りください。

호까노 오캬꾸사마니 고메-와꾸니 나리마스노데
샤나이데와 뎅겡오 오키리쿠다사이.

unit 3 철도

❶ 미도리노 마도구치는 어디입니까?

みどりの窓口は どこですか。

미도리노 마도구찌와 도꼬데스까.

❷ 교토에 가고 싶은데, 무엇을 타면 됩니까?

京都へ 行きたいんですが、

何に 乗れば いいんですか。

쿄-또에 이끼따인데스가, 나니니 노레바 이-ㄴ데스까.

❸ 창 쪽 좌석을 주십시오.

窓側の席を ください。

마도가와 노세끼오 쿠다사이.

❹ 통로 쪽 좌석을 부탁합니다.

通路側の席を お願いします。

쯔-로가와 노세끼오 오네가이시마스.

❺ 오사카까지는 얼마나 걸립니까?

大阪までは どのくらい かかりますか。

오-사까)마데와 도노쿠라이 카까리마스까.

❻ 이 열차는 급행입니까, 특급입니까?

この列車は 急行ですか、特急ですか。

코노렛샤와 큐-꼬-데스까, 톡뀨-데스까.

❼ 오사카까지 왕복(편도)으로 1장 주십시오.

大阪まで 往復(片道) 一枚 ください。
오-사까마데 오-후꾸(카따미찌) 이찌마이 쿠다사이 .

❽ 급행(특급 / 신칸센)은 있습니까?

急行(特急 / 新幹線)は ありますか。
큐-꼬-(톡뀨- / 싱깐센)와 아리마스까.

❾ 이 열차는 ~에 정차합니까?

この列車は ～に 止まりますか。
코노렛샤와 ~니 토마리마스까.

❿ 실례합니다만, 빈자리입니까?

すみませんが、空いて いますか(空席ですか)。
스미마셍가, 아이떼 이마스까(쿠-세끼데스까).

⓫ 지정석(그린차)은 몇 호 차입니까?

指定席(グリーン席)は 何号車ですか。
시떼-세끼(구리-ㄴ세끼)와 나니고-샤데스까.

⓬ 여기는 자유석(지정석)입니까?

ここは 自由席(指定席)ですか。
코꼬와 지유-세끼(시떼-세끼)데스까.

⓭ 식당차는 딸려 있습니까?

食堂車は ついて いますか。
쇼꾸도-샤와 츠이떼 이마스까.

관련용어

• 안내소	案内所	안나이쇼
• 개찰구	改札口	카이사쯔구찌
• 갈아타는 곳	乗り換え口	노리카에구찌
• 녹색 창구	みどりの窓口	미도리노마도구찌
(신칸센 등의 매표소)		
• 플랫폼	プラットホーム	푸랏또호-무
• 플랫폼 번호	ホーム番号	호-무방고
• 야간열차	夜行列車	야꼬-렛샤
• 마지막 열차	最終列車	사이슈-렛샤
• 침대차	寝台車	신다이샤
• 신간선(고속열차)	新幹線	싱깐센
• 특급	特急	톡뀨
• 급행	急行	큐-꼬-
• 쾌속	快速	카이소꾸
• 보통(열차)	普通(列車)	후쯔-(렛샤)
(신칸센의 이름)		
• 노조미	のぞみ	노조미
• 히까리	ひかり	히까리
• 코다마	こだま	코다마

❶ 택시 승강장은 어디입니까?

タクシ-乗り場は どこですか。

타꾸시-노리바와 도꼬데스까.

❷ 택시를 불러 주세요.

タクシ-を 呼んで ください。

타꾸시-오 욘데 쿠다사이.

❸ 어디로 가십니까?

どちらへ いかれますか。

도찌라에 이까레마스까.

❹ ~까지 가주세요.

～まで 行って ください。

~마데 잇떼쿠다사이.

❺ 이 주소까지 부탁합니다. (주소를 보여주며)

この住所まで お願いします。

코노쥬-쇼마데 오네가이시마스.

❻ 트렁크를 열어 주십시오.

トランクを あけて ください。

토랑쿠오 아께떼 쿠다사이.

❼ 서둘러 주십시오.

急いで ください。

이소이데 쿠다사이.

❽ 여기에서 (호텔까지) 어느 정도 걸립니까?

ここから （ホテルまで） どのくらい かかりますか。

코꼬까라 (호테루마데) 도노쿠라이 카카리마스까.

❾ 저기 (저 건물 앞)에서 세워 주세요.

あそこ （あの ビルの 前）で 止めて ください。

아소꼬(아노 비루노 마에)데 토메떼 쿠다사이.

❿ 다음 신호에서 우회전 해 주십시오.

次の信号で 右に 曲がって ください。

쯔기노 싱고-데 미기니 마갓떼 쿠다사이.

⓫ 저 모퉁이에서 우(좌)회전해 주십시오.

あの角で 右（左）に 曲がって ください。

아노카도데 미기(히다리)니 마갓떼 쿠다사이.

⓬ 어서 오십시오. 손님, 어디까지 (가십니까)?

いらっしゃいませ。お客さん、どちらまで。

이랏샤이마세. 오캬꾸상, 도찌라마데.

⑬ 미안하지만, 좀 빨리 가 주세요.

すみませんが、すこし いそいでください。

스미마셍가, 스꼬시 이소이데쿠다사이.

⑭ 몇 분 정도 걸립니까?

なんぷんぐらい かかりますか。

남뿡구라이 카까리마스까.

⑮ 저 모퉁이에서 세워 주세요.

あの 角の ところで とめてください。

아노 카도노 토꼬로데 토메떼 쿠다사이.

⑯ 여기서 내려주세요.

ここで おろしてください。

코꼬데 오로시떼 쿠다사이.

⑰ 여기면 되겠습니까?

ここで いいですか。

코꼬데 이-데스까.

⑱ 얼마입니까?

いくらですか。

이꾸라데스까.

⑲ 1200엔입니다.

せんにひゃくえんです。

센니햐꾸엔데스.

⑳ 영수증 주십시오.

領収書 ください。

료-슈-쇼 쿠다사이.

㉑ 거스름돈은 됐습니다.

おつりは 要りません。

오쯔리와 이리마셍.

관련용어

• 택시승차장	**タクシー 乗り場**	타꾸시-노리바
• 신호	**信号**	싱고-
• 교차로	**交差点**	코-사뗑

 알아두세요

택시를 이용할 때

택시를 타고 목적지를 설명하기 어려울 때는 주소를 보여주며, 데려다 달라고 하면 친절하게 데려다 줍니다.

chapter 05

숙 박

숙박

❶ 방(호텔/여관)을 예약하고 싶습니다만.
部屋(ホテル/旅館)を予約したいんですが。
헤야(호테루/료깡)오 요야꾸시따인데스가.

❷ ~일부터 ~일까지 묵고 싶습니다만.
~日から~日まで 泊まりたいんですが。
~니찌까라 ~니찌마데 토마리따인데스가.

방 있습니까?
お部屋 ありますか。
오헤야 아리마스까.

❸ 네, 있습니다만, 몇 분이십니까?
はい、ございますが、何名様ですか。
하이, 고자이마스가, 남메-사마데스까.

❹ 한 명(두 명/세 명)입니다.
一人(二人/三人)です。
히또리(후따리/산닌)데스.

❺ 어떤 방을 원하십니까?

どんな 部屋が よろしいですか。
돈나 헤야가 요로시-데스까.

❻ (전망이 좋은 방)을 부탁합니다.

(眺めのいい部屋)を お願いします。
(나가메노이-헤야)오 오네가이시마스.

(조용한 호텔/역에서 가까운 여관)

(静かな ホテル / 駅から近い旅館)
(시즈까나 호테루/에끼까라 치까이 료깡)

❼ 싱글, 더블 어느 것으로 하시겠습니까?

シングルと、とダブル、どれになさいますか。
싱구루또, 다부루 도레니 나사이마스까.

❽ 싱글(트윈/더블)로 하겠습니다.

シングル(ツイン / ダブル)に します。
싱구루(쯔인/다부루)니 시마스.

❾ 하룻밤에 얼마입니까?

一泊 いくらですか。
입빠꾸 이꾸라데스까.

❿ 한 명에 8000엔(4000엔)입니다.

お一人 8000円(4000円)でございます。
오히또리 핫셍엔(욘셍엔)데 고자이마스.

⓫ 아침식사도 제공됩니까?

朝食 つきですか。

쵸-쇼꾸 쯔끼데스까.

⓬ 네, 아침식사 제공됩니다.

はい、朝食つきでございます。

하이, 쵸-쇼꾸쯔끼데 고자이마스.

⓭ 좀 더 싼 방(여관/호텔)은 없습니까?

もっと 安い部屋(旅館 / ホテル)は
ありませんか。

못또 야스이헤야(료깡 / 호테루)와 아리마셍까.

⓮ 서비스료와 세금이 포함되어 있습니까?

サ-ビス料と 税込みですか。

사-비스료-또 제-꼬미데스까.

⓯ 지금 예약하시겠습니까?

いま ご予約なさいますか。

이마 고요야꾸나사이마스까.

⓰ 네, 부탁합니다.

はい、おねがいします。

하이, 오네가이시마스.

● 싱글룸	シングル(ルーム)	싱구루(루-무)
● 더블룸	ダブル(ルーム)	다부루(루-무)
● 트윈룸	ツイン(ルーム)	쯔인(루-무)
● 스위트룸	スイ・ト(ルーム)	스이-또(루-무)
● 프런트데스크	フロント(デスク)	후론또(데스쿠)
● 일박	一泊	입빠꾸
● 이박	二泊	니하꾸
● 삼박	三泊	삼빠꾸
● 다타미방	和室	와시쯔
● 침대방	洋室	요-시쯔
● 서비스료	サ・ビス料	사-비스료
● 세금 포함	税込み	제-꼬미
● 한 분	お一人様	오히또리사마
● 두 분	お二人様	오후따리사마
● 세 분	三名様	삼메-사마

❶ ~호텔입니까? 예약을 확인하고 싶습니다만.

　~ホテルですか。

　予約を 確認したいんですが。

　~호테루데스까. 요야꾸오 카꾸닌시따인데스가.

❷ ~일부터 ~일까지 예약한 ○○○입니다.

　~日から~日まで 予約した ○○○です。

　~니찌까라 ~니찌마데 요야꾸시따 ○○○데스.

❸ 확인해 볼테니 잠시 기다려주십시오.

　確認しますので、少々 お待ちください。

　카꾸닌시마스노데, 쇼-쇼- 오마찌쿠다사이.

❹ 손님 성함은 어떻게 되십니까?

　お客様の お名前は。

　오캬꾸사마노 오나마에와.

❺ (전화로) 예약했습니다.

　(電話で) 予約しました。

　(뎅와데)요야꾸시마시따.

　(여행사를 통해서 / 관광 안내소에서) .

　(旅行社を通じて / 観光案内所で)

❻ 예약되어 있습니다.

予約されています。/
요야꾸사레떼 이마스.

ご予約は承っております。
고요야꾸와 우께따마왓떼 오리마스.

❼ 죄송합니다만, 예약되지 않은 것 같습니다만.

申し訳ございませんが、
모-시와께고자이마셍가,

予約されていないようですが。
요야꾸사레떼 이나이요-데스가.

❽ 예약을 변경하고 싶습니다만.

予約を 変更したいんですが。
요야꾸오 헹꼬-시따인데스가.

❾ 예약을 취소하고 싶습니다만.

予約を キャンセルしたいんですが。
요야꾸오 칸세루시따인데스가.

❿ 하루 더 묵고 싶습니다만.

もう 一泊 したいんですが。
모- 입빠꾸 시따인데스가.

⓫ 예정보다 하루 빨리 출발하고 싶습니다만.

予定より 一日 早く 出発したいんですが。
요떼-요리 이찌니찌 하야꾸 슙빠쯔시따인데스가.

❶ 오늘 밤 묵고 싶습니다만, 방 있습니까?
今夜 泊まりたいんですが、
お部屋 ありますか。
콩야 토마리따인데스가, 오헤야 아리마스까.

❷ 예약하지 않았습니다만, 빈 방 있습니까?
予約はしていないんですが、
空き部屋は ありますか。
요야꾸와 시떼 이나인데스가,
아끼베야와 아리마스까.

❸ 네, 있습니다. 어떤 방을 원하십니까?
はい、ございますが。
どんな部屋が よろしいですか。
하이, 고자이마스가.
돈나 헤야가 요로시-데스까.

❹ 다타미방과 침대방이 있습니다만,
어느 쪽으로 하시겠습니까?
和室と洋室が ございますが、
どちらに なさいますか。
와시쯔또 요-시쯔가 고자이마스가,
도찌라니 나사이마스까.

❺ 예산은 얼마 정도입니까?

ご予算は いくらぐらいですか。

고요상와 이꾸라구라이데스까.

❻ 싸고 깨끗한 방을 부탁합니다.

安くて きれいな 部屋を おねがいします。

야스꾸떼 키레-나 헤야오 오네가이시마스.

❼ 욕실 딸린 싱글(트윈/더블)을 부탁합니다.

風呂つきのシングル(ツイン/ダブル)を
おねがいします。

후로쯔끼노 싱구루(쯔인/다부루)오 오네가이시마스.

❽ 죄송합니다만, 공교롭게도 이미 꽉 찼습니다.

申し訳ございませんが、
あいにく もう 満室です。

모-시와께고자이마셍가
아이니꾸 모- 만시쯔데스.

❾ 다른 호텔(여관)을 소개해 주시겠습니까?

他のホテル(旅館)を 紹介して もらえますか。

호까노 호테루(료깡)오 쇼-까이시떼 모라에마스까.

❶ (아까 전화한) ○○○입니다만.

（さっき でんわした） ○○○ですが。

(삭끼 뎅와시따) ○○○데스가.

체크 인 부탁합니다.

チェックイン お願いします。

첵꾸잉 오네가이시마스.

❷ 예약하셨습니까?

ご予約は なさいましたか。

고요야꾸와 나사이마시따까.

❸ 네, (인터넷으로) 예약했습니다.

はい、（インタ-ネットで） 予約しました。

하이, (인타-넷또데) 요야꾸시마시따.

(관광 안내소에서 / 여행사를 통해서 / 서울에서)

（観光案内所で / 旅行社を 通じて / ソウルで）

(캉꼬-안나이쇼데 / 료꼬-샤오 쯔-지떼 / 소우루데)

❹ 확인해 보겠으니 잠시 기다려 주십시오.

確認しますので 少々 お待ちください。

카꾸닌시마스노데 쇼-쇼- 오마찌쿠다사이.

❺ 예약되어 있습니다.

予約なさって います。

요야꾸나삿떼 이마스.

❻ 예정대로 머무시겠습니까?

予定通りの お泊まりですか。

요떼-도-리노 오토마리데스까.

❼ 여기에 성함과 여권 번호를 기입해 주십시오.

**ここに お名前と パスポートナンバを
ご記入ください。**

코꼬니 오나마에또 파스뽀-또 남바오
고키뉴-쿠다사이.

❽ 이것은 방의 키입니다.

これは お部屋の 鍵でございます。

코레와 오헤야노 카기데고자이마스.

방은 3층 216호실입니다.

お部屋は 三階の 216号室でございます。

오헤야와 상까이노 니햐꾸쥬-로꾸고-시쯔데고자이마스.

❾ 체크 아웃은 몇 시까지입니까?

チェックアウトは 何時までですか。

첵꾸아우또와 난지마데데스까.

⑩ 12시까지 부탁합니다.

12時までに お願い致します。
쥬-니지마데니 오네가이이따시마스.

⑪ 가방(짐)은 몇 개입니까?

かばん（お荷物）は いくつになりますか。
카방(오니모쯔)와 이꾸쯔니 나리마스까.

⑫ (벨맨이) 방까지 안내해 드리겠습니다.

（ベルマンが） お部屋まで ご案内致します。
(베루망가) 오헤야마데 고안나이이따시마스.

⑬ 귀중품(짐)을 맡기고 싶습니다만.

貴重品（荷物）を 預けたいんですが。
키쬬-힝(니모쯔)오 아즈께따인데스가.

⑭ 잘 알겠습니다. 잠시 기다려 주십시오.

かしこまりました。少々 お待ちください。
카시꼬마리마시따. 쇼-쇼- 오마찌쿠다사이.

알아두세요

서비스 요금과 팁

　호텔이나 레스토랑 등에서는 소비세와 별도로
10~15% 정도의 서비스 요금이 가산되는 경우가 있
습니다.
　기본적으로 일본은 팁이 필요없습니다.

unit 5 룸 서비스

❶ 358호실인데요, 룸 서비스를 부탁합니다.
358号室ですが、
ル-ムサ-ビスを おねがいします。
삼뱌꾸고쥬-하치고-시쯔데스가,
루-무사-비스오 오네가이시마스.

❷ ~호실인데요, 뜨거운 물을 부탁합니다.
~号室ですが、お湯をおねがいします。
~고-시쯔데스가, 오유오 오네가이시마스.

❸ 와인 한 병과 케익을 부탁합니다.
ワイン 一本と ケ-キを お願いします。
와인 입뽕또 케-끼오 오네가이시마스.

❹ 아침식사를 주문하고 싶은데요.
朝食を 注文したいんですが。
쵸-쇼꾸오 츄-몬시따인데스가.

❺ 주문은 무엇으로 하시겠습니까?
ご注文は 何になさいますか。
고츄-몽와 나니니 나사이마스까.

❻ 크림스프와 빵(밥)을 부탁합니다.

クリ-ムス-プと パン（ごはん）を
おねがいします。

쿠리-무스-뿌또 팡(고항)오 오네가이시마스.

❼ 여기에 서명(사인)을 부탁드립니다.

こちらに ご署名（サイン）を お願い致します。

코찌라니 고쇼메-(사잉)오 오네가이이따시마스.

❽ (내일 아침 5시에) 모닝콜을 부탁합니다.

（明日の朝 5時に）
モ-ニングコ-ルを おねがいします。

(아시따노아사 고지니)
모-닝구코-루오 오네가이시마스.

❾ 내일 아침 6시에 깨워주세요.

明日の 朝 6時に 起こして ください。

아시따노 아사 로꾸지니 오꼬시떼 쿠다사이.

❿ 모닝콜을 취소하고 싶습니다만.

モ-ニングコ-ルを キャンセルしたいんですが。

모-닝구코-루오 캰세루시따인데스가.

⓫ 시트를 갈아 주세요.

シ-トを かえて ください。

시-또오 카에떼 쿠다사이.

unit 6 서비스 이용하기

❶ 이 짐을 체크아웃할 때까지 보관해 주시겠습니까?
この荷物を チェックアウトまで
預かってもらえますか。
코노 니모쯔오 첵꾸아우또마데 아즈깟떼 모라에마스까.

❷ 맡긴 귀중품을 찾고 싶습니다만.
預けた 貴重品を 受け取りたいんですが。
아즈께따 키쬬-힝오 우께또리따인데스가.

❸ 문이 잠겨서 들어갈 수 없습니다만.
ドアが しまっていて 部屋に 入れませんが。
도아가 시맛떼 이떼 헤야니 하이레마셍가.

❹ 방에 키를 두고 나왔습니다만.
部屋に ルームキーを 置き忘れて しまいました。
헤야니 루-무키-오 오끼와스레떼 시마이마시따.

❺ 이 가방(편지)을 부치고 싶습니다.
このかばん(手紙)を 送りたいんですが。
코노카방(테가미)오 오꾸리따인데스가.

❻ 제 앞으로 온 편지(메시지)는 없습니까?
わたしあての 手紙(メッセージ)は ありませんか。
와따시아떼노 테가미(멧세-지)와 아리마셍까.

❼ 팩스를 이용할 수 있습니까?

ファックスが 利用できますか。

후아꾸스가 리요-데끼마스까.

❽ 온수가 안 나옵니다.

お湯が 出ません。

오유가 데마셍.

❾ 방 키를 잃어버렸습니다.

ル-ムキ-を なくして しまいました。

루-무키-오 나꾸시떼 시마이마시따.

❿ 클리닝 서비스(세탁 서비스)를 부탁합니다.

クリ-ニングサ-ビスを おねがいします。

쿠리-닝구싸-비스오 오네가이시마스.

⓫ 빨래방은 없습니까?

コインランドリ-は ありませんか。

코인란도리-와 아리마셍까.

⓬ 인터넷을 사용할 수 있습니까?

インタネットが 使えますか。

인타넷또가 쯔까에마스까.

⓭ 무료로 이용할 수 있습니까?

無料で 利用できますか。

무료-데 리요-데끼마스까.

⑭ 헬스클럽을 예약하고 싶습니다만.

フィットネスクラブを 予約したいんですが。

후잇또네스쿠라브오 요야꾸시따인데스가.

⑮ (항공권을 보여주면서)
비행기 예약 재확인을 부탁합니다.

飛行機の予約の再確認(リコンファーム)を
おねがいします。

히꼬-끼노 요야꾸노 사이카꾸닝(리꼰후아무)오
오네가이시마스.

알아두세요

유료 서비스 이용

룸 서비스와 같은 유료 서비스를 이용할 때는 방
호수를 확인하고
사인한 후 체크아웃할 때 정산합니다.

❶ 체크 아웃하고 싶습니다만, 계산을 부탁합니다.
　チェックアウトしたいんですが、
　お勘定 おねがいします。
　첵꾸아우또시타인데스가, 오칸죠- 오네가이시마스.

❷ 룸 키를 주십시오.
　ルームキーを お願いします。
　루-무 키-오 오네가이시마스.

❸ 지불은 어떻게 하시겠습니까?
　お支払いは どのように なさいますか。
　오시하라이와 도노요-니 나사이마스까.

❹ (신용카드)로 지불해도 됩니까?
　(クレジットカード)で はらっても いいですか。
　(쿠레짓또카-도)데 하랏떼모 이-데스까.

　(여행자 수표/현금)
　(トラベラーズチェック/現金)
　(토라베라즈-첵꾸/겡낑)

❺ 현금(신용카드)으로 지불하겠습니다.
　現金(クレジットカード)で はらいます。
　겡낑(쿠레짓또카-도)데 하라이마스.

❻ 감사합니다. 이것은 영수증입니다.

ありがとうございます。

これは 領収書(レシ-ト)です。

아리가또-고자이마스.

고레와 료-슈-쇼(레시-또)데스.

❼ 계산이 틀립니다.

お勘定が 間違っています。

오칸죠-가 마찌갓떼이마스.

❽ 이 요금은 무엇입니까?

この料金は 何ですか。

코노 료-킹와 난데스까.

❾ 냉장고 음료수를 이용하신 것입니다.

冷蔵庫の飲み物を 利用なさった ものです。

레-조-꼬노 노미모노오 리요- 낫산따 모노데스.

❿ 룸 서비스를 이용한 기억이 없습니다만.

ル-ムサ-ビスを 利用した 覚えは ありませんが。

루-무사-비스오 리요-시따 오보에와 아리마셍가.

⓫ 짐(가방)을 맡아 주시겠습니까?

荷物(かばん)を 預かってもらいますか。

니모쯔(카방)오 아즈갓떼 모라이마스까.

● 로비	ロビー	로비-
● 라운지	ラウンジ	라운지
● 레스토랑	レストラン	레스또랑
● 카페테리아	カフェテリア	카훼테리아
● 찻집	喫茶店	킷사뗑
● 사우나	サウナ	사우나
● 에스테살롱	エステサロン	에스떼사롱
● 아로마맛사지	アロママッサージ	아로마맛사-지
● 바	バー	바-
● 풀장	プール	푸-루

unit 8 여관에서

❶ 식사는 몇 시부터입니까?

食事は 何時からですか。

쇼꾸지와 난지까라데스까.

❷ 식사는 방에서 합니까?

食事は お部屋で 食べますか。

쇼꾸지와 오헤야데 타베마스까.

❸ 목욕탕은 몇 시까지입니까?

お風呂は 何時までですか。

오후로와 난지마데데스까.

❹ 온천은 몇 시부터 이용 가능합니까?

温泉は 何時から 利用できますか。

온셍와 난지까라 리요-데끼마스까.

❹ 노천탕이 있습니까?

露天風呂は ありますか。

로뗌부로와 아리마스까.

❺ 혼욕입니까?

混浴ですか。

콘요꾸데스까.

❻ 유카타 입는 법을 가르쳐 주세요..

浴衣の 着方を 教えて ください。

유까따노 키까따오 오시에떼 쿠다사이.

❼ 지금 목욕해도 됩니까?

いま お風呂に 入っても いいですか。

이마 오후로니 하잇떼모 이-데스까.

❽ 유카타는 언제 입습니까?

浴衣は いつ 着ますか。

유까따와 이쯔 키마스까.

여관 실내에서

실내에 들어갈 때는 신발을 신발 앞쪽이 현관 방향으로 향하도록 가지런히 놓고 들어가며, 다타미방 이외에서는 실내화를 신습니다. 실내에서는 유카타를 입고 다녀도 됩니다.

유스호스텔에서

❶ 예약하셨습니까?

予約は なさって いますか。
요야꾸와 나삿떼 이마스까.

❷ 네, 예약했습니다.

はい、予約しました。
하이, 요야꾸시마시따.

❸ 회원증을 보여 주십시오.

会員証を 見せて いただけますか
(お見せください)。
카이인쇼-오 미세떼 이따다께마스까(오미세쿠다사이).

❹ 회원증은 없습니다만.

会員証は もって いませんが。
카이인쇼-와 못떼 이마셍가.

❺ 회원이 아니면 1박 4000엔이 되겠습니다.

会員じゃ ないと 1泊 4000円に なります。
카이인쟈 나이또 입빠구 욘셍엔니 나리마스.

❻ 빨래방은 있습니까?

コインランドリ-は ありますか。
코인란도리-와 아리마스까.

❼ 부엌이 딸려 있습니까?

キッチンは ついて いますか。

킷찡와 쯔이떼 이마스까.

❽ 다타미방입니까, 침대방입니까?

和室ですか、洋室ですか。

와시쯔데스까, 요-시쯔데스까.

❾ 식사는 제공됩니까?

食事は ついて いますか。

쇼꾸지와 쯔이떼 이마스까.

❿ 폐문은 몇 시입니까?

門限は 何時ですか。

몽겡와 난지데스까.

⓫ 식당(목욕탕)은 어디입니까?

食堂(お風呂)は どこですか。

쇼꾸도-(오후로)와 도꼬데스까.

⓬ 지금 목욕탕을 이용해도 됩니까?

今 お風呂を 使ってもいいですか。

이마 오후로오 쯔깟떼모 이-데스까.

⓭ 체크인은 몇 시까지입니까?

チェックインは 何時までですか。

첵꾸잉와 난지마데데스까.

관련용어

• 여관	旅館	료깡
• 온천	温泉	온셍
• 노천탕	露天風呂	로뗌부로
• 요리	料理	료-리
• 정식	定食	테-쇼꾸
• 유카타	浴衣	유까따
(여관에서입는 옷)		
• 단젠	丹前	탄젱
(겨울에 유카타 위에 입는 방한 실내복)		
• 와시쯔	和室	와시쯔
(다타미가 깔린 일본식 방)		
• 이불	布団	후똥
• 방석	座布団	자부똥
• 고타츠	こたつ	코따쯔
(일본식 난방기구)		
• 여관 여주인	おかみさん	오까미상

chapter 06

관 광

관광

unit 1 **관광 안내소**

❶ ~에 가고 싶습니다만,
지도를 얻을 수 있겠습니까?

**〜へ 行きたいんですが、
地図が もらえますか。**
~에 이끼따인데스가, 찌즈가 모라에마스까.

❷ 교통 노선도를 주시겠습니까?

交通路線図が もらえますか。
코-쯔-로센즈가 모라에마스까.

❸ ~의 구경할 만한 곳을 소개해 주시겠습니까?

〜の見どころを 紹介して もらえますか。
~노 미도꼬로오 쇼-까이시떼 모라에마스까.

❹ ~의 구경할 만한 곳은 어디입니까?

〜の みどころは どこですか。
~노 미도꼬로와 도꼬데스까.

❺ (한국어) 관광 안내책을 주시겠습니까?

（韓国語の）観光案内の本が もらえますか。
(캉꼬꾸고노) 캉꼬-안나이노 홍가 모라에마스까.

❻ 이 도시의 관광 명소는 어디입니까?

この町の 観光の 名所は どこですか。
코노마찌노 캉꼬-노 메-쇼와 도꼬데스까.

❼ 이 도시의 추천할 만한 곳은 어디입니까?

このまちの おすすめのところは どこですか。
코노마찌노 오스스메노 토꼬로와 도꼬데스까.

❽ 이 도시의 추천할 만한 먹거리는 무엇입니까?

この町の お勧めの 食べ物は 何ですか。
코노마찌노 오스스메노 타베모노와 난데스까.

❾ (○○박물관)은 몇 시부터입니까?

（○○博物館）は 何時からですか。
(○○하꾸부쯔깡)와 난지까라데스까.

(미술관 / 공원)

（美術館 / 公園）
(비쥬쯔깡 / 코-엥)

❿ 여기서 멉니까? (가깝습니까?)

ここから とおい（ちかい）ですか。
코꼬까라 토-이(치까이)데스까.

⑪ 유명한 먹거리는 무엇입니까?(무엇이 있습니까?)
有名な 食べ物は 何ですか
(何が ありますか)。
유-메-나 타베모노와 난데스까.
(나니가 아리마스까)

⑫ (걸어서) 어느 정도 걸립니까?
(歩いて) どのくらい かかりますか。
(아루이떼) 도노쿠라이 카까리마스까.

(버스로/전철로/지하철로)
(バスで/電車で/地下鉄で)
(바스데/덴샤데/치까테쯔데)

⑬ 당일치기 관광투어는 있습니까?
日帰りの 観光ツアーは ありますか。
히가에리노 캉꼬-쯔아-와 아리마스까.

⑭ 여기서 예약할 수 있습니까?
ここで 予約できますか。
코꼬데 요야꾸데끼마스까.

⑮ 요금(입장료)은 얼마입니까?
料金(入場料)は いくらですか。
료-낑(뉴-죠-료-)와 이꾸라데스까.

⓰ 여기서 표를 살 수 있습니까?

ここで きっぷが 買えますか。

코꼬데 킵뿌가 카에마스까.

⓱ 시내 관광버스는 있습니까?

市内観光バスは ありますか。

시나이캉꼬-바스와 아리마스까.

⓲ 시내를 한눈에 내려다볼 수 있는 곳이 있습니까?

市内が 一目で 見渡せる ところは ありますか。

시나이가 히또메데 미와따세루 토꼬로와 아리마스까.

❶ 잠시 실례하겠습니다.

　ちょっと すみません。
　춋또 스미마셍.

❷ 잠시 여쭙겠습니다만.

　ちょっと おうかがいしますが。
　춋또 오우까가이시마스가.

❸ 관광 안내소는 어디입니까?
　어디에 있습니까?

　観光案内所は どこですか。
　どこにありますか。
　캉꼬-안나이쇼와 도꼬데스까.
　도꼬니 아리마스까.

❹ ~은 어디입니까?

　~は どちら(どこ)ですか。
　~와 도찌라(도꼬)데스까.

❺ ~에 가고 싶습니다만, 어떻게 가면 좋을까요?

　~へ 行きたいんですが、
　どう いけば いいでしょうか。
　~에 이끼따인데스가, 도- 이께바 이-데쇼-까.

❻ (여기에서) 멉니까? / 가깝습니까?

（ここから）遠いですか。/ 近いですか。

(코꼬까라) 토-이데스까. / 치까이데스까.

❼ 그다지 멀지(가깝지) 않습니다.

あまり 遠く（近く）ありません。

아마리 토-꾸 (치까꾸) 아리마셍.

❽ (지하철)을 타는 것이 좋을 겁니다.

（地下鉄）に乗った方がいいと思います。

(치까테쯔)니 놋따 호-가 이-또 오모이마스.

(버스/전철/택시)

（バス / 電車 / タクシー）

(바스/덴샤/타꾸시-)

❾ 이 근처에 (백화점)은 있습니까?

この辺に（デパート）は ありますか。

코노헨니 (데빠-또)와 아리마스까.

(우체국/역/버스정류장/택시승차장/화장실)

（郵便局 / 駅 / バス乗り場 / タクシー乗り場 / トイレ）

(유-빙꾜꾸/에끼/바스노리바/타꾸시-노리바/토이레)

❿ 거기까지 걸어갈 수 있습니까?

そこまで 歩いて 行けますか。

소꼬마데 아루이떼 이께마스까.

❶❶ 곧장 가서 2번째 신호에서
왼쪽(오른쪽)으로 돌아주십시오.

まっすぐ いって 二番目の信号で
左(右)に 曲がってください。

맛스구 잇떼 니밤메노 싱고-데
히다리(미기)니 마갓떼 쿠다사이.

❶❷ 버스(지하철 / 전철)로 몇 번째입니까?

バス(地下鉄 / 電車)で 何番目ですか。

바스(치까테쯔 / 덴샤)데 남밤메데스까.

❶❸ ~(호텔)은 여기에서 멉니까(가깝습니까)?

~(ホテル)は ここから 遠いですか(近いですか)。

~(호테루)와 코꼬까라 토-이데스까(치까이데스까).

(병원 / 파출소 / 은행 / 공원)

(病院 / 交番 / 銀行 / 公園)

(뵤-잉 / 코-방 / 깅꼬- / 코-엥)

❶❹ 길을 잃었습니다만, 여기는 어디입니까?

道に 迷って いますが、
ここは どこですか。

미찌니 마욧떼 이마스가, 코꼬와 도꼬데스까.

관련용어

• 우측	右側	미기가와
• 좌측	左側	히다리가와
• 오른쪽	右	미기
• 왼쪽	左	히다리
• 모퉁이	角	카도
• 옆	隣	토나리
• 앞	前	마에
• 파출소	交番	코-방
• 지하철	地下鉄	치까테쯔
• 전철	電車	덴샤
• 관광안내소	観光案内所	캉꼬-안나이쇼

❶ (동경타워)는 어디입니까?

(東京タワー)はどこですか。
(토-꾜-타와-)와 도꼬데스까.

(키요미즈테라 / 킨카꾸지 / 카부키자)
(清水寺 / 金閣寺 / 歌舞伎座)
(키요미즈데라 / 킹까꾸지 / 카부끼자)

❷ 입장료는 얼마입니까?

入場料は いくらですか。
뉴-죠-료-와 이꾸라데스까.

❸ 할인됩니까?

割引できますか。
와리비끼데끼마스까.

❹ 어른 1장(2장 / 3장) 주십시오.

大人 一枚(二枚 / 三枚) ください。
오또나 이찌마이(니마이 / 삼마이) 쿠다사이.

❺ 시내를 하루에 돌려면 어떻게 하면 됩니까?

市内を 一日に 回るには どう すれば
いいですか。
시나이오 이찌니찌니 마와루니와 도- 스레바 이-데스까.

❻ 하토버스(관광버스)를 타는 것이 좋겠죠.

はとバス(観光バス)に 乗ったほうが
いいでしょう。

하또바스(캉꼬-바스)니 놋따호-가 이-데쇼-.

❼ 코인 락카는 있습니까?

コインロッカーは ありますか。

코잉록까-와 아리마스까.

❽ 몇 시부터 입장할 수 있습니까?

何時から 入場できますか。

난지까라 뉴-죠-데끼마스까.

❾ (한국어 / 영어) 팜플릿은 있습니까?

(韓国語の / 英語の)パンフレットは
ありますか。

(캉꼬꾸고노 / 에-고노) 팡후렛또와 아리마스까.

❿ 시내에 볼 만한 곳은 어디입니까?

市内の 見所は どこですか。

시나이노 미도꼬로와 도꼬데스까.

⓫ 선물(그림엽서)은 (어디서) 팔고 있습니까?

お土産(絵葉書)は (どこで) 売って
いますか。

오미야게(에하가끼)와 (도꼬데) 웃떼 이마스까.

⑫ ~은 무엇으로 유명합니까?

～は 何で 有名ですか。

~와 난데 유-메-데스까.

⑬ ~에서는 무엇이 볼 만한 것입니까?

～では 何が 見物ですか。

~데와 나니가 미모노데스까.

⑭ 그 밖에 무엇이 유명합니까?

そのほかに 何が 有名ですか。

소노호까니 나니가 유-메-데스까.

⑮ 뭘 먹을 곳은 있습니까?

何か 食べられる 所は ありますか。

나니까 타베라레루 토꼬로와 아리마스까.

⑯ 여기에 들어가도 됩니까?

ここに 入っても いいですか。

코꼬니 하잇떼모 이-데스까.

⑰ 쇼핑은 어디에서 할 수 있습니까?

買い物は どこで できますか。

카이모노와 도꼬데 데끼마스까.

동경타워	東京タワ-	토-꾜-타와-
금각사	金閣寺	킹까꾸지
가부키극장	歌舞伎座	카부끼자
전망대	展望台	템보-다이
휴게소	休憩所	큐-께-죠
주차장	駐車場	츄-샤죠-
박물관	博物館	하꾸부쯔깡
미술관	美術館	비쥬쯔깡
식물원	植物園	쇼꾸부쯔엥
동물원	動物園	도-부쯔엥
수족관	水族館	스이조꾸깡
공원	公園	코-엥
유적	遺跡	이세끼
명소	名所	메-쇼
성	城	시로
토리이	鳥居	토리이

(신사 입구에 세워진 신성한 곳임을 알리는 기둥 같은 것)

| 절 | お寺 | 오테라 |

❶ (여기서) 사진을 찍어도 됩니까?

（ここで）写真を とっても いいですか。

(코꼬데)샤싱오 톳떼모 이-데스까.

❷ (실례합니다만), 사진을 찍어 주시겠습니까?

（失礼ですが）、写真を とって もらえますか。

(시쯔레-데스가), 샤싱오 톳떼 모라에마스까.

❸ (버튼을) 누르기만 하면 됩니다.

（ボタンを）押すだけで いいです。

(보땅오) 오스다께데 이-데스.

❹ 저곳을 배경으로 찍어 주세요.

あそこを 背景に して とって ください。

아소꼬오 하이께-니 시떼 톳떼 쿠다사이.

❺ 함께 찍어도 됩니까?

一緒に とっても いいですか。

잇쇼니 톳떼모 이-데스까.

❻ 당신의 사진을 찍어도 되겠습니까?

あなたの 写真を とっても いいですか。

아나다노 샤싱오 톳떼모 이-데스까.

❼ 다시 한 번(한 장) 부탁합니다.

もう 一度(一枚) お願いします。

모- 이찌도(이찌마이) 오네가이시마스.

❽ 사진을 보내드리겠습니다.

写真を お送りします。

샤싱오 오오꾸리시마스.

❾ 괜찮으시다면 주소와 메일주소를 가르쳐 주세요.

よろしかったら ご住所と メール住所を
教えて ください。

요로시깟따라 고쥬-쇼또 메-루쥬-쇼오
오시에떼 쿠다사이.

❿ 메일로 보내드리겠습니다.

メールで お送りします。

메-루데 오오꾸리시마스.

⓫ 필름은 어디에서 살 수 있습니까?

フィルムは どこで 買えますか。

휘루무와 도꼬데 카에마스까.

❶ 시내 관광버스가 있습니까?

市内観光バスが ありますか。

시나이캉꼬-바스가 아리마스까.

❷ 투어 팜플릿을 주시겠습니까?

ツアーの パンフレットが もらえますか。

쯔아-노 팡후렛또가 모라에마스까.

❸ 당일치기부터 1박 2일, 2박 3일 투어 등 여러 가지
있습니다.

日帰りのものから1泊2日、二泊三日のツ
アーなどいろいろ あります。

히가에리노모노까라 입빠꾸후쯔까, 니하꾸밋까노
쯔아-나도 이로이로 아리마스.

❹ 1일(반나절/밤/동경타워를 도는) 코스는 있습니까?

一日(半日/夜の/東京タワーを回る)コースは
ありますか。

이찌니찌(한니찌/요루노/토-꾜-타와-오 마와루)
코-스와 아리마스까.

❺ 하토버스는 어디서 탑니까?

はとバスは どこで 乗りますか。

하또바스와 도꼬데 노리마스까.

❻ 1일(반나절/밤/동경타워를 도는) 코스는 얼마입니까?

一日(半日 / 夜の / 東京タワーを回る)
コースは いくらですか。

이찌니찌(한니찌/요루노/토-꾜-타와-오 마와루)
코-스와 이꾸라데스까.

❼ 중식(석식)은 제공됩니까?

昼食(夕食)は ついて いますか。

츄-쇼꾸(유-쇼꾸)와 쯔이떼 이마스까.

❽ 자유시간은 있습니까?

自由時間は ありますか。

지유-지강와 아리마스까.

❾ (투어)는 어느 정도(시간이) 걸립니까?

(ツアー)は どのくらい(の時間が)かかりますか。

(쯔아-)와 도노쿠라이(노지깡가) 카까리마스까.

(관광/구경)

(観光 / 見物)

(캉꼬-/켐부쯔)

❿ 4시간(6시간/8시간) 예정입니다.

四時間(六時間 / 八時間)の 予定です。

요지깐(로꾸지깐/하찌지깐)노 요떼-데스.

• 팜플릿	パンフレット	팡후렛또
• 투어	ツアー	쯔아-
• 당일치기	一日帰り	히가에리
• 1일 코스	一日コース	이찌니찌코-스
• 반나절 코스	半日コース	한니찌코-스
• 밤 코스	夜のコース	요루노코-스
• 외국인을 위한 코스	外国人向けコース	가이꼬꾸진무께코-스
• 1박 2일	一泊二日	입빠꾸후쯔까
• 2박 3일	二泊三日	니하꾸믹까
• 3박 4일	三泊四日	삼빠꾸욕까
• 아침 식사	朝食	쵸-쇼꾸
• 점심 식사	昼食	츄-쇼꾸
• 저녁 식사	夕食	유-쇼꾸
• 1시간	一時間	이찌지깡
• 2시간	二時間	니지깡
• 3시간	三時間	산지깡
• 4시간	四時間	요지깡

온 천

❶ 예약(취소)하고 싶습니다만.

予約(キャンセル)したいんですが。
요야꾸(캰세루)시따인데스가.

❷ (노천탕)은 있습니까?

(露天風呂)は ありますか。
(로뗀부로)와 아리마스까.

(가족탕 / 거품탕)

(家族湯 / 泡風呂)
(카조꾸유 / 아와부로)

❸ 예, 있습니다.

はい、あります。
하이, 아리마스.

❸ 아니오, 공교롭게도 없습니다.

いいえ、あいにく ありません。
이-에, 아이니꾸 아리마셍.

❻ 온천 달걀은 얼마입니까?

温泉卵は いくらですか。
온센타마고와 이꾸라데스까.

❹ 여성(남성) 전용 노천탕은 어디입니까?

女性(男性)専用の 露天風呂は どちら(どこ)ですか。

죠세-(단세-)셍요-노 로뗌부로와 도찌라(도꼬)데스까.

❺ 수영복이 필요합니까?

水着は 必要ですか。

미즈기와 히쯔요-데스까.

❻ 수영복을 입습니까?

水着を 着ますか。

미즈기오 기마스까.

❼ 입욕시간은 어떻게 되어 있습니까?

入浴時間は どうなって いますか。

뉴-요꾸지깡와 도-낫떼 이마스까.

❽ 1박 2식에 얼마입니까?

一泊二食に いくらですか。

입빠꾸니쇼꾸니 이꾸라데스까.

❾ 1박 2식에 8,000엔입니다.

一泊二食に 8,000円です。

입빠꾸니쇼꾸니 핫셍엔데스.

⑩ 이 온천의 성분은 무엇입니까?
この温泉の 成分は なんですか。
코노온센노 세-붕와 난데스까.

⑪ 유황(철 / 탄산가스)입니다.
硫黄(鉄 / 炭酸ガス)です。
이오-(테쯔 / 탄상가스)데스.

⑫ 이 온천은 어떤 병에 효능이 있습니까?
この温泉は どんな 病気に 効きますか。
코노온셍와 돈나 뵤-끼니 키끼마스까.

⑬ (피부병)에 효능이 있습니다.
(皮膚病)に 効きます。
(히후뵤-)니 키끼마스.

(디스크 / 요통 / 피부 미용 / 전신 피로 / 전염병)
(ディスク / 腰痛 / 皮膚美容 / 全身疲勞 / 伝染病)
(디스꾸 / 요-쯔- / 히후비요- / 젠싱히로- / 덴셈뵤-)

⑭ 온천 사용법을 가르쳐 주세요.
温泉の 使い方を 教えて ください。
온센노 쯔까이까따오 오시에떼 쿠다사이.

⑮ 소지품과 갈아입을 옷은 어디에 둡니까?
持ち物と 着替え物は どこに 置きますか。
모찌모노또 키가에모노와 도꼬니 오끼마스까.

⓰ 락커에 넣어주세요.

ロッカ-に いれて ください。
록까-니 이레떼 쿠다사이.

⓱ (온천에서) 수영복을 입습니까?

(温泉で) 水着を きますか。
(온센데) 미즈기오 키마스까.

⓲ 수영복도 빌려 줍니까?

水着も 貸して もらえますか。
미즈기모 카시떼 모라에마스까.

⓳ 네, 200엔입니다.

はい、200円に なります(200円です)。
하이, 니햐꾸엔니 나리마스 (니햐꾸엔데스).

• 온천	温泉	온셍
• 노천탕	露天風呂	로뗌부로
• 가족탕	家族風呂	카조꾸부로
• 여탕	女湯	온나유
• 남탕	男湯	오또꼬유
• 거품탕	泡風呂	아와부로
• 목욕탕	お風呂	오후로
• 연회장	宴会場	엥까이죠
• 정식	定食	테-쇼꾸
• 유카타	浴衣	유까따
• 유황	硫黄	이오-
• 철	鉄	테쯔
• 탄산가스	炭酸ガス	탄상가스
• 피부병	皮膚病	히후뵤-
• 디스크	ディスク	디스꾸
• 요통	腰痛	요-쯔-
• 피부 미용	皮膚美容	히후비요-
• 전신 피로	全身疲勞	젠싱히로
• 전염병	伝染病	덴셈뵤-
• 온천수로삶은 달걀	温泉卵	온센타마고

식사

식사

unit 1 식당 찾기

❶ 실례합니다, 싸고 맛있는 가게가 있습니까?

すみません、安くて おいしい 店が ありますか。
스미마셍, 야스꾸떼 오이시-미세가 아리마스까.

❷ 실례합니다만, 맛있는 식당은 없습니까?

すみませんが、おいしい 食堂は ありませんか。
스미마셍가, 오이시- 쇼꾸도-와 아리마셍까.

❸ 간단히 식사할 수 있는 가게는 없습니까?

軽い食事の できる 店は ありませんか。
카루이쇼꾸지노 데끼루 미세와 아리마셍까.

❹ 싸고 맛있는 식당을 찾고 있습니다만.

安くて おいしい 食堂を 探して いるんですが。
야스꾸떼 오이시- 쇼꾸도-오 사가시떼 이룬데스가.

❺ 일식을 먹을 수 있는 가게를 가르쳐 주세요.

和食が たべられる店を 教えて ください。
와쇼꾸가 타베라레루 미세오 오시에떼 쿠다사이.

❻ 이 근처에 (라면가게)가 있습니까?

この辺に （ラーメン屋）が ありますか。

코노헨니 (라–멩야)가 아리마스까.

(소바가게/우동가게/야키니쿠야/패밀리 레스토랑)

（そば屋 / うどん屋 / 焼き肉屋 / ファミリレストラン）

(소바야/우동야/야끼니꾸야/화미리레스또랑)

❼ 이 지방의 명물 요리를 먹고 싶습니다만.

この地方の 名物料理を たべたいんですが。

코노찌호–노 메–부쯔료–리오 타베따인데스가.

❽ 에키벤은 어디서 살 수 있습니까?

駅弁は どこで 買えますか。

에끼벵와 도꼬데 카에마스까.

> **알아두세요**
>
> **のれん(노렝)**
>
> 영업을 하고 있는 가게 문 앞에 드리우는 천을 의미하며, 노렝이 드리워져 있으면 영업을 하고 있다는 의미이며, 영업이 끝나면 노렝을 걷습니다.

❶ 예약이 필요합니까?

予約が 必要ですか。
요야꾸가 히쯔요-데스까.

❷ 예약을 부탁합니다.

予約を おねがいします。
요야꾸오 오네가이시마스.

❸ 몇 분입니까?

何名様ですか。
남메-사마데스까.

❹ 1명(2명 / 3명)입니다.

一人(二人 / 三人)です。
히또리(후따리 / 산닌)데스.

❺ (금연석)을 부탁합니다.

(禁煙席)を おねがいします。
(킹엔세끼)오 오네가이시마스.

(끽연석 / 조용하고 전망 좋은 곳)

(喫煙席 / しずかで眺めのいいところ)
(키쯔엔세끼 / 시즈까데 나가메노 이-토꼬로)

❻ 일본적인 분위기가 있는 곳이면 좋겠습니다만.

日本的な 雰囲気のする 店なら いいですが。

니혼떼끼나 훙이끼노 스루 미세나라 이-데스가.

❼ 몇 시에 예약할까요?

何時の ご予約ですか。

난지노 고요야꾸데스까.

❽ 오후 6시(6시 반/7시)에 부탁합니다.

午後 六時(六時 半 / 七時)に お願いします。

고고 로꾸지(로꾸지 한/시찌지)니 오네가이시마스.

❾ 복장 규정은 있습니까?

服装の決まりは ありますか。

후꾸소-노 키마리와 아리마스까.

❶ 어서 오십시오. (몇 분이십니까?)

いらっしゃいませ。(何名様ですか。)

이랏샤이마세 (남메-사마데스까)

❷ 예약한 ○○○입니다만.

予約した ○○○ ですが。

요야꾸시따 ○○○데스가.

❸ 예약하지 않았습니다만, 자리 있습니까?

予約して いないんですが、席は ありますか。

요야꾸시떼 이나인데스가, 세끼와 아리마스까.

❹ 한 명(두 명)입니다.

一人(二人)です。

히또리(후따리)데스.

❺ 빈 자리는 있습니까?

席は 空いていますか。

세끼와 아이떼 이마스까.

❻ 잠시 기다려 주시겠습니까?

しょうしょう お待ちください。

쇼-쇼- 오마찌쿠다사이.

❼ 어느 정도 기다립니까?

どのくらい 待ちますか。
도노쿠라이 마찌마스까.

❽ 네, 기다리겠습니다.

はい、待ちます。
하이, 마찌마스.

❾ 구석 자리가 좋겠는데요.

隅の席が いいんですが。
스미노세끼가 이-ㄴ데스가.

❿ 조용한(창가) 자리를 부탁합니다.

静かな(窓際の)席を お願いします。
시즈까나(마도기와노) 세끼오 오네가이시마스.

⓫ 이 쪽은 어떠십니까?

こちらは いかがでしょうか。
코찌라와 이까가데쇼-까.

⓬ 이 쪽으로 오세요.

どうぞ、こちらへ。
도-조, 코찌라에.

• 포크	フォーク	후오꾸
• 나이프	ナイフ	나이후
• 스푼	スプーン	스뿡-
• 냅킨	ナプキン	나뿌낑
• 젓가락	お箸	오하시
• 물	水	미즈
• 찬 물	お冷や	오히야
• 뜨거운 물	お湯	오유
• 물수건	おしぼり	오시보리
• 젓가락받침	箸置	하시오끼
• 개인 접시	取り皿	토리자라
• 소금	塩	시오
• 간장	醤油	쇼-유
• 후추	こしょう	코쇼-
• 설탕	砂糖	사또-
• 식초	酢	스
• 후식	デザート	데자-또
• 커피	コーヒー	코-히-
• 홍차	紅茶	코-짜
• 녹차	お茶	오짜
• 아이스크림	アイスクリーム	아이스크리-무
• 일곱가지 맛 고춧가루	七味唐辛子	시찌미토-가라시
• (음식을 덜 때 이용하는 젓가락)	取り箸	토리바시

unit 4　주문하기

❶ 주문 받겠습니다.
　(ご注文) 承ります。
　(고쮸-몽) 우께따마와리마스.

❷ 주문하시겠습니까?
　(ご注文は) お決まりですか。
　(고쮸-몽와) 오키마리데스까.

❸ (주문)은 무엇으로 하시겠습니까?
　(ご注文)は なにに なさいますか。
　(고쮸-몽)와 나니니 나사이마스까?

　(식사/음료수/디저트)
　(お食事 / お飲み物 / デザート)
　(오쇼꾸지/오노미모노/데자-또)

❹ 잠시 메뉴를 보여 주세요.
　ちょっと メニューを 見せて ください。
　춋또 메뉴-오 미세떼 쿠다사이.

❺ 빨리 되는 음식은 없습니까?
　早くできる ものは ありませんか。
　하야꾸 데끼루 모노와 아리마셍까.

❻ (오늘 런치)는 무엇입니까?

(今日のランチ)は 何ですか。

(쿄-노란찌)와 난데스까.

(추천 요리 / 특별 요리)

(おすすめ[料理] / 特別料理)

(오스스메[료-리] / 토꾸베쯔료-리)

❼ 회정식과 야키니쿠정식이 있습니다.

刺身定食と 焼き肉定食が ございます。

사시미테-쇼꾸또 야끼니꾸테-쇼꾸가 고자이마스.

❽ 회정식(튀김정식 / 런치정식)으로 하겠습니다.

刺身定食(天ぷら定食 / ランチ定食)に します。

사시미테-쇼꾸(템뿌라테-쇼꾸 / 란찌테-쇼꾸)니 시마스.

❾ 다른 주문은 없습니까?

以上で よろしいですか。

이죠-데 요로시-데스까.

❿ 이 가게에서 자신있는 요리는 무엇입니까?

この店の 自慢料理は 何ですか。

코노미세노 지만료-리와 난데스까.

⓫ 이 지방의 향토요리는 무엇입니까?

この地方の 郷土料理は 何ですか。

코노찌호-노 쿄-도료-리와 난데스까.

⑫ 같은 것으로 주세요.

同じものに してください。
오나지모노니 시떼 쿠다사이.

⑬ ○○○을 주세요.

○○○を ください。
○○○오 쿠다사이.

⑭ (메뉴를 가리키며) 이것을 주세요.

これを ください。
코레오 쿠다사이.

⑮ 스테이크는 어떻게 할까요?

ステーキの 焼きぐあいは どうなさいますか。
스떼-끼노 야끼구아이와 도-나사이마스까.

⑯ 웰던(레어 / 미디움)으로 부탁합니다.

ウェルダン(レア / ミディアム)で お願いします。
웨루단(레아 / 미디아무)데 오네가이시마스.

⑰ 디저트는 무엇으로 하시겠습니까?

デザートは 何に なさいますか。
데자-또와 나니니 나사이마스까.

- 고기요리 　　　 肉料理 　　　 니꾸료-리
- 생선요리 　　　 魚料理 　　　 사까나료-리
- 해산물요리 　　 シーフード 　　 씨-후-도
- 샐러드 　　　　 サラダ 　　　 사라다
- 정식 　　　　　 定食 　　　　 테-쇼꾸
- 일품요리 　　　 一品料理 　　 입뻰료-리
- 추천요리 　　　 お勧め料理 　 오스스메료-리
- 돈까스정식 　　 豚カツ定食 　 톤카쯔테-쇼꾸
- 튀김정식 　　　 天ぷら定食 　 템뿌라테-쇼꾸
- 회정식 　　　　 刺身定食 　　 사시미테-쇼꾸
- 고기구이정식 　 焼き肉定食 　 야끼니꾸테-쇼꾸
- 자신있는 요리 　 自慢料理 　　 지만료-리
- 런치 　　　　　 ランチ 　　　 란찌
- 뷔페 　　　　　 バイキング 　 바이킹구
- 스테이크 　　　 ステーキ 　　 스떼-끼
- 비프스테이크 　 ビフテキ 　　 비후떼끼
- 돈까스 　　　　 豚カツ 　　　 톤까쯔
- 매일 바뀌는 메뉴 日替りメニュー 히가와리메뉴-
- 음식이 얼마든지 리필되는 것 食べ放題 　타베호-다이
- 술이 얼마든지 리필되는 것 飲み放題 　노미호-다이

unit 5　식 사

❶ 잘 먹겠습니다.
　いただきます。
　이따다끼마스.

❷ 잘 먹었습니다.
　ごちそう様でした。
　고찌소-사마데시따.

❸ 어서 드세요.
　どうぞ。
　도-조.

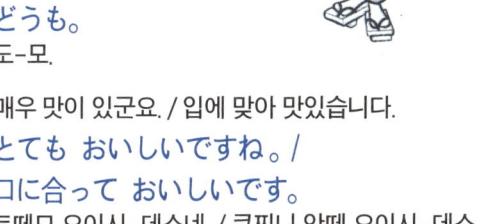

❹ 대단히 감사합니다.
　どうも。
　도-모.

❺ 매우 맛이 있군요. / 입에 맞아 맛있습니다.
　とても おいしいですね。/
　口に合って おいしいです。
　토떼모 오이시-데스네. / 쿠찌니 앗떼 오이시-데스.

❻ 맛있어 보이네요.
　おいしそうですね。
　오이시소-데스네.

❼ 좀더 드시겠습니까?

もう 少し いかがですか。

모– 스꼬시 이까가데스까.

❽ 이제 배부릅니다. / 이제 충분합니다(됐습니다).

もう お腹 いっぱいです。 / もう たくさんです。

모– 오나까 입빠이데스 / 모– 탁산데스.

❾ 밥을 더 먹을 수 있습니까?

ご飯の お替わりできますか。

고한노 오카와리데끼마스까.

❿ 실례합니다만, (간장)을 집어 주시겠습니까?

すみませんが、(醤油)を とって もらえますか。

스미마셍, (쇼–유)오 톳떼 모라에마스까.

(소금 / 후추 / 설탕 / 시치미토가라시 / 접시)

(塩 / こしょう / 砂糖 / 七味唐辛子 / お皿)

(시오 / 코쇼– / 사또– / 시찌미토–가라시 / 오사라)

⓫ 이것은 어떤 요리입니까?

これは どういう 料理ですか。

코레와 도–유– 료–리데스까.

⓬ 요리(음식)가 아직 안 나왔습니다.

料理(食べ物)は まだ でて いません。

료–리(타베모노)와 마다 데떼 이마셍.

⓭ 죄송합니다. (젓가락)을 떨어 뜨렸습니다.

すみません。(おはし)を 落として しまいました。
스미마셍. (오하시)오 오또시떼 시마이마시따.

(스푼/나이프)

(スプーン / ナイフ)
(스뿌-ㅇ/나이후)

⓮ 조금 싱겁군요(달군요).

ちょっと 薄いですね(甘いですね)。
춋또 우스이데스네(아마이데스네).

관련용어

• 맛있다	おいしい・うまい	오이시 - · 우마이
• 맛없다	まずい	마즈이
• 싱겁다	うすい	우스이
• 달다	あまい	아마이
• 맵다	からい	카라이
• 느끼하다	脂っこい	아부락꼬이
• (맛이)진하다	(味)が濃い	(아지)가코이
• 연한 맛	薄い味	우스이아지
• 짜다	しおからい・しょっぱい	시오카라이 · 습빠이
• 시다	すっぱい	습빠이
• 개운하다	さっぱりする	삽빠리스루

❶ 계산 부탁합니다.

お勘定 おねがいします。

오칸죠- 오네가이시마스.

❷ 신용카드로 낼 수 있습니까?

クレジットカードで はらえますか。

쿠레짓또카-도데 하라에마스까.

❸ 영수증을 주세요.

領収証(レシート)をください。

료-슈-쇼-(레시-또)오 쿠다사이.

❹ 제가 한턱 내겠습니다.

わたしが おごります。

와따시가 오고리마스.

제가 내겠습니다.

私が もちます。

와따시가 모찌마스.

제가 대접하겠습니다.

私が ご馳走します。

와따시가 고찌소-시마스.

❺ 각자 계산합시다.

割り勘に しましょう。

와리깐니 시마쇼-.

❻ 서비스료와 세금이 포함되어 있습니까?

サ-ビス料と 税込みですか。

사-비스료-또 제-꼬미데스까.

❼ 서비스료는 별도입니다.

サ-ビス料は 別と なって おります。

사-비스료-와 베쯔또 낫떼 오리마스.

알아두세요

식사 후 계산할 때

음식을 먹고 계산할 때 각자 부담(割り勘)이 기본입니다. 따라서 같이 음식점이나 찻집에 갔다 할지라도 계산은 각자 합니다. 특별히 대접하고 싶을 때는 계산 전에 미리 상대방에게 의사 표시를 합니다.

❶ 어서오세요.

いらっしゃいませ。
이랏샤이마세.

❷ 햄버거 세트를 주세요. / 부탁합니다.

ハンバーガーセット おねがいします。
함바–가–셋또 오네가이시마스.

❸ 여기서 드실 겁니까?
가지고 가십니까(포장입니까)?

ここで 召し上がりますか。
お持ち帰りですか。
코꼬데 메시아가리마스까.
오모찌카에리데스까.

❹ 여기서 먹겠습니다.
가지고 가겠습니다(포장입니다).

ここで 食べます。
持って 帰ります。
코꼬데 타베마스.
못떼 카에리마스.

❺ 음료수는 무엇으로 하시겠습니까?

おのみものは なにに なさいますか。

오노미모노와 나니니 나사이마스까.

❻ 콜라(커피) 주세요.

コーラ(コーヒー) ください。

코-라(코-히-) 쿠다사이.

관련용어

● 디저트	デザート	데자-또
● 아이스크림	アイスクリーム	아이스쿠리-무
● 케이크	ケーキ	케-끼
● 푸딩	プリン	푸링
● 샤베트	シャーベット	샤-벳또
● 무스	ムース	무-스
● 무스케이크	ムースケーキ	무-스케-끼
● 과자	お菓子	오까시
● 과일	フルーツ	노후루-츠
● 젤리	ゼリー	제리-
● 야쿠르트	ヨーグルト	요-구루또

● 햄버거	ハンバーガー	함바-가-
● 치즈버거	チーズバーガー	치-즈바-가-
● 더블버거	ダブルバーガー	다부루바-가-
● 후라이드포테이토	フライドポテト	후라이도포떼또
● 치킨너겟	チキンナゲット	치낀나겟또
● 비스킷	ビスケット	비스껫또
● 소프트크림	ソフトクリーム	소후또쿠리-무
● 드링크	ドリンク	도링꾸
● 콜라	コーラ	코-라
● 라이트콜라	ダイエットコーラ	다이엣또코-라
● 환타	ファンタ	환따
● 오렌지주스	オレンジジュース	오렌지쥬-스
● 아이스티	アイスティー	아이스띠-
● 냉커피	アイスコーヒー	아이스코-히-
● 핫커피	ホットコーヒー	홋또코-히-
● 코코아	ホットココア	홋또코코아
● 쉐이크	シェイク	세이꾸
● 애플파이	アップルパイ	압뿌루파이
● 샌드위치	サンドイッチ	산도잇찌

unit 8 패밀리레스토랑

❶ 오늘의 매일 바꾸는 메뉴는 무엇입니까?

今日の日替りメニューは 何ですか。
쿄-노 히가와리메뉴-와 난데스까.

❷ 모닝세트는 몇 시까지입니까?

モーニングセットは 何時までですか。
모-닝구셋또와 난지마데데스까.

❸ 스프는 무엇이 있습니까?

スープは 何が ありますか。
스-뿌와 나니가 아리마스까.

❹ 오늘의 추천 요리는 무엇입니까?

今日の お勧めは 何ですか。
쿄-노 오스스메와 난데스까.

❺ 빵(음료수)은 더 먹을 수 있습니까?(리필 됩니까?)

パン(飲み物)は お替わりできますか。
팡(노미모노)와 오카와리데끼마스까.

chapter 08

쇼 핑

쇼핑

❶ 죄송하지만, (편의점)은 어디입니까?

すみませんが、（コンビニ）は どこですか。

스미마셍가, (콤비니)와 도꼬데스까.

(쇼핑센터 / 100엔 숍 / 상점가)

（ショッピングセンター / 100円ショップ / 商店街）

(숍삥구센따ー / 햐꾸엔숍뿌 / 쇼ー뗑가이)

❷ 이 주변에 (백화점)이 있습니까?

この辺に （デパート）は ありますか。

코노헨니 (데빠ー또)와 아리마스까.

(면세점 / 슈퍼 / 우동가게)

（免税店 / スーパー / うどん屋）

(멘제ー뗑 / 스ー빠ー / 우동야)

❸ ○○○은 어디에서 살 수 있습니까?

○○○は どこで 買えますか。

○○○와 도꼬데 카에마스까.

❹ 여기서 가장 가까운 백화점은 어디입니까?

　ここで 一番 近い (デパート)は どこですか。
　코꼬데 이찌방 치까이 데빠-또와 도꼬데스까.

❺ 저 흰 빌딩 옆(앞)에 있습니다.

　あの 白い ビルのとなり(まえ)に あります。
　아노 시로이 비루노 토나리(마에)니 아리마스.

❻ (어린이옷)은 몇 층입니까?

　(子供服)は 何階ですか。
　(코도모후꾸)와 낭가이데스까?

　(숙녀복 / 신사복 / 악세사리 매장)

　(婦人服 / 紳士服 / アクセサリー売り場)
　(후징후꾸 / 신시후꾸 / 아꾸세사리-우리바)

❼ 장난감은 어디서 팝니까?

　おもちゃは どこで 売っていますか。
　오모쨔와 도꼬데 웃떼 이마스까.

❽ (영업 시간은) 몇 시부터 몇 시까지입니까?

　(営業時間は) 何時から何時までですか。
　(에-교-지깡와)난지까라 난지마데데스까.

❾ 화장품을 사고 싶습니다만, (어디서 살 수 있습니까?)

　化粧品を 買いたいんですが、(どこで 買えますか)。
　케쇼-힝오 카이따인데스가, (도꼬데 카에마스까.)

• 백화점	デパート	데빠-또
• 편의점	コンビニ	콤비니
• 슈퍼	スーパー	스-빠-
• 쇼핑센터	ショッピングセンター	숍삥구센따-
• 상점가	商店街	쇼-뗑가이
• 시장	市場	이찌바
• 면세점	免税店	멘제-뗑
• 토산품가게	お土産物屋	오미야게모노야
• 서점	本屋	홍야
• 장난감가게	おもちゃ屋	오모쨔야
• 과자점	お菓子屋	오카시야
• 100엔숍	100円ショップ	햐꾸엔숍뿌
• 화장품 매장	化粧品売り場	케쇼-힝우리바
• 구두 매장	靴売り場	쿠쯔우리바
• 신사복	紳士服	신시후꾸
• 숙녀복	婦人服	후징후꾸
• 어린이옷	子供服	코도모후꾸
• 전기제품	電気製品	뎅끼세-힝
• 디스카운트스토어	ディスカウントストア	디스카운또스또아
• 티켓 판매점	チケットショップ	치켓또숍뿌
• 주차장	駐車場	쮸-샤죠-

관련용어

식품 매장	食品売り場	쇼꾸힝우리바
잡화	雑貨	작까
어린이용품	子供用品	코도모요-힝
스포츠용품	スポーツ用品	스뽀-쯔요-힝
악세사리	アクセサリー	아꾸세사리-
영업 시간	営業時間	에-교-지깡와
식당가	食堂街	쇼꾸도-가이
1층	一階	익까이
2층	二階	니까이
3층	三階	상가이, 상까이
몇 층	何階	낭가이

❶ 무엇을 찾으십니까?

何を おさがしですか。

나니오 오사가시데스까.

❷ 그냥 구경하려구요.

ちょっと 見て いるだけです。

춋또 미떼 이루다께데스.

❸ (넥타이)를 사고 싶습니다만.

(ネクタイ)を 買いたいんですが。

(네꾸따이)오 카이따인데스가.

(구두/화장품/토산품)

(靴 / 化粧品 / お土産)

(쿠쯔/케쇼-힝/오미야게)

❹ ~를 사려고 합니다만.

~が ほしいんですが。

~가 호시인데스가.

❺ 이것(그것/저것)은 어떻습니까?

これ(それ/あれ)は いかがでしょうか。

코레(소레/아레)와 이까가데쇼-까.

❻ 딱 좋군요.

ちょうど いいですね。

쵸-도 이-데스네.

❼ 잘 맞습니다. / 꼭 맞습니다.

よくあいます。 / ぴったりです。

요꾸아이마스. / 삣따리데스.

❽ 잘 어울리시네요.

よく おにあいですね。

요꾸 오니아이데스네.

❾ 조금 (작은) 것 같군요.

少し(ちいさい)ようですね。

스꼬시 (찌-사이)요-데스네.

(큰/긴/헐렁한/끼는/짧은/비싼)

(おおきい/長い/ゆるい/きつい/短い/高い)

(오-끼-/나가이/유루이/키쯔이/미지까이/타까이)

❿ 좀더 (큰) 것을 보여 주시지 않겠습니까?

もっと (大きい)ものを みせて くれませんか。

못또 (오-끼-)모노오 미세떼 쿠레마셍까.

(작은/짧은/긴/싼)

(小さい / 短い / 長い / 安い)

(찌-사이 / 미지까이 / 나가이 / 야스이)

⑪ 좀더 큰(작은) 것은 없습니까?

もっとおおきい(ちいさい)のは ありませんか。

못또 오-끼- (찌-사이)노와 아리마셍까.

⑫ 너무 수수하군요. / 너무 화려하군요.

地味すぎますね。/ 派手すぎますね。

지미스기마스네. / 하데스기마스네.

⑬ 이것과 같은 것으로 다른 색상은 없습니까?

これと同じで 色違いは ありませんか。

코레또 오나지데 이로찌가이와 아리마셍까.

⑭ 예산은 얼마 정도입니까?

ご予算は いくらぐらいですか。

고요상와 이꾸라구라이데스까.

⑮ 가격이 적당한 것을 보여드리겠습니다.

お値段の 手頃な物を お見せ致しましょうか。

오네단노 테고로나 모노오 오미세이따시마쇼-까.

⑯ 돈이 부족합니다만.

お金が 足りないんですが。

오카네가 타리나인데스가.

⑰ 색은 좋습니다만, 디자인이 좀…….

色は いいですが、デザインが ちょっと……。

이로와 이-데스가, 데자잉가 춋또…….

⑱ 다른 것(디자인/색/사이즈)은 없습니까?

他の(デザイン/色/サイズ)は ありませんか。

호까노 (데자잉/이로/사이즈)와 아리마셍까.

⑲ 입어 봐도 됩니까?

着てみても いいですか。

키떼미떼모 이-데스까.

⑳ (넥타이를) 매봐도 됩니까?

(ネクタイを) しめて 見ても いいですか。

(네꾸타이오) 시메떼 미떼모 이-데스까.

㉑ (모자를) 써봐도 됩니까?

(帽子を) かぶって 見ても いいですか。

(보-시오) 카붓떼 미떼모 이-데스까.

㉒ 메이커는 어디입니까(어느 회사제품입니까)?

メーカーは どこですか。

메-카-와 도꼬데스까.

㉓ 이것으로 하겠습니다. / 이것 주세요.

これに します。/ これを ください。

코레니 시마스. / 코레오 쿠다사이.

㉔ 따로따로 포장해 주시겠습니까?

別々に 包んで もらえませんか。

베쯔베쯔니 쯔쯘데 모라에마셍까.

㉕ 토산품(선물)이니까 포장해 주세요.

お土産(プレゼント)ですから 包んで ください。

오미야게(프레젠또)데스까라 쯔쯘데 쿠다사이.

㉖ 아니오, 그냥 주세요. (포장 안 해도 될 때)

いいえ、そのままで いいです。

이-에, 소노마마데 이-데스.

㉗ 죄송합니다. 또 오겠습니다.

すみません。また きます。

스미마셍. 마따 기마스.

알아두세요

소비세 포함 총액표시 의무화

　　소비세는 상품 구입시 별도 지불방식이던 것이 2004년 4월 1일부터 상품가격에 포함, 총액으로 표시하도록 의무화되었습니다. 따라서 상품구입액을 한 눈에 알 수 있게 되었습니다. 참고로 우리나라 면세범위는 담배 1보루, 양주 1병, 향수 2온스, 기타 쇼핑품목의 합계금액이 400달러 이하입니다.

● 흰색	白(しろ)	시로
● 희다	白(しろ)い	시로이
● 노랑	黄色(きいろ)	키이로
● 노랗다	黄色(きいろ)い	키-로이
● 파랑	青(あお)	아오
● 파랗다	青(あお)い	아오이
● 빨강	赤(あか)	아까
● 빨갛다	赤(あか)い	아까이
● 검정	黒(くろ)	쿠로
● 검다	黒(くろ)い	쿠로이
● 녹색	緑(みどり)	미도리
● 갈색	茶色(ちゃいろ)	챠이로
● 은색	銀色(ぎんいろ)	깅이로
● 남색	紺色(こんいろ)	콩이로
● 하늘색	空色(そらいろ)	소라이로
● 분홍	ピンク	핑쿠
● 카키색	カーキ	카-키
● 베이지색	ベ‐ジュ	베-쥬
● 화색	灰色(はいいろ)	하이이로
● 보라	紫(むらさき)	무라사끼

❶ 계산대는 어디입니까?

レジは どこですか。
레지와 도꼬데스까.

❷ 전부 (이것은) 얼마입니까?

全部で (これは)いくらですか。
젬부데(코레와) 이꾸라데스까.

❸ 조금 깎아 주세요.

少し まけて ください。
스꼬시 마께떼 쿠다사이.

❹ 조금 할인해 주세요.

少し 値引きして ください。
스꼬시 네비끼시떼 쿠다사이.

❺ 가격은 할인 가격(싼 값)입니다만.

お値段は 値引き価額(格安)に なって お
りますが。
오네당와 네비끼카가꾸(카꾸야스)니 낫떼 오리마스가.

❻ 세금이 포함되어 있습니까?

税込みですか。
제-꼬미데스까.

❼ 네, 세금이 포함되어 있습니다.

はい、税込みでございます。
하이, 제-꼬미데고자이마스.

❽ 면세입니다.

免税に なって おります。
멘제-니 낫떼 오리마스.

❾ 세금은 별도입니다.

税金は べつとなって おります。
제-낑와 베쯔또 낫떼 오리마스.

❿ 카드(여행자수표)로 계산해도 됩니까?

カード(トラベラーズチェック)で いいですか。
카-도(토라베라-즈첵꾸)데 이-데스까.

⓫ 일시불입니까?

一括払いですか。
익까쯔바라이데스까.

⓬ 할부도 됩니까?

分割払いが できますか。
붕까쯔바라이데스까.

⓭ 3개월(6개월 / 12개월) 할부로 하겠습니다.

三回(六回 / 12回)払いに します。
상까이(록까이 / 쥬-니까이)바라이니 시마스.

⓮ 1만 엔 받았습니다.

一万円 おあずかりします。

이찌망엥 오아즈까리시마스.

⓯ 2,300엔 거스름돈입니다.

2,300円のお返しです。

니센삼뱌꾸엔노 오카에시데스.

⓰ 영수증을 주세요.

領収証(レシート)を ください。

료-슈-쇼-(레시-또)오 쿠다사이.

⓱ 전부 5,300엔입니다.

全部で 5,300円に なります。

젬부데 고센삼뱌꾸엔니 나리마스.

관련용어

• 지불	支払い	시하라이
• 현금	現金	겡낑
• (신용)카드	(クレジット)カード	(쿠레짓또)카-도
• 일시불	一括払い	익까쯔바라이
• 할부	分割払い	붕까쯔바라이
• 정가	定価	테-까
• 할인	値引き・割引	네비끼 · 와리비끼
• 싼 값	格安	카꾸야스
• 가격	価額	카가꾸
• 세금	税金	제-낑
• 세금 포함	税込み	제-꼬미
• 여행자 수표	トラベラーズチェック	토라베라-즈첵꾸

❶ 미안합니다만, 이것을 교환하고 싶습니다만.

すみませんが、これを 交換したいんですが。

스미마셍가, 코레오 코-칸시따인데스가.

❷ 언제 구입하셨습니까?

いつ お買いに なりましたか。

이쯔 오카이니 나리마시따까.

❸ 어제 샀습니다.

きのう 買いました。

키노- 카이마시따.

❹ 여기에 흠이 나 있습니다.

ここに 傷が ついて います。

코꼬니 키즈가 쯔이떼 이마스.

❺ 고장난 겁니다.

こわれて います。

코와레떼 이마스.

❻ 깨져 있습니다.

割れて います。

와레떼 이마스.

❼ 뜯어져 있습니다.

やぶれて います。

야부레떼 이마스.

❽ 반품하고 싶습니다만.

返品したいんですが。

헴삔시따인데스가.

❾ 환불해 주었으면 합니다만.

払い戻して ほしいんですが。

하라이모도시떼 호시-인데스가.

❿ 카드로 지불했는데, 어떻게 하면 됩니까?

カ-ドで 支払ったんですが、

どうすれば いいでしょうか。

카-도데 시하랏딴데스가,

도-스레바 이-데쇼-까.

⓫ 물건과 영수증을 보여 주시겠습니까?

品物と 領収証を みせて いただけますか。

시나모노또 료-슈-쇼-오 미세떼 이따다께마스까.

⓬ (여기) 영수증입니다.

(これ) レシ-トです。

(코레) 레시-또데스.

⓭ 다른 사이즈(색)와 바꿔 주었으면 합니다만.

他のサイズ(色)と 取り替えて
もらいたいんですが。

호까노 사이즈(이로)또 토리까에떼 모라이따인데스가.

⓮ 죄송합니다만,
지금 품절되어서 교환은 어렵겠습니다만.

申し訳ございませんが、
今 品切に なって 交換は 出来ませんが。

모-시와께고자이마셍가,
이마 시나기레니 낫떼 코-깡와 데끼마셍가.

⓯ 죄송합니다만,
이것은 반품이 안 됩니다.

申し訳ございませんが、
これは返品できません。

모-시와께고자이마셍가, 코레와 헴삔데끼마셍.

❶ 디카(CD플레이어)를 사고 싶습니다만.

デジカメ(CDプレーヤー)が ほしいんですが。

데지카메(씨디푸레-야-)가 호시인데스가.

❷ MP3(게임소프트)를 사고 싶습니다만.

MP3(ゲームソフト)を 買いたいんですが。

엠피쓰리(게-무소후또)오 카이따인데스가.

❸ 다른 회사 제품도 보여 주세요.

他のメーカのも 見せて ください。

호까노 메-까노모 미세떼 쿠다사이.

❹ 녹음도 할 수 있습니까?

録音も できますか。

로꾸옴모 데끼마스까.

❺ 최신 모델(추천상품)은 어느 것입니까?

最新モデル(お勧め商品)は どれですか。

사이심모데루(오스스메쇼-힝)와 도레데스까.

❻ (오늘) 득이 되는 상품은 어느 것입니까?

(今日の) お買い得品は どれですか。

(쿄-노) 오카이도꾸힝와 도레데스까.

❼ 조작이 간단하고 사용하기 쉬운 것을 보여 주세요.

操作が 簡単で、使いやすいのを
見せて ください。

소-사가 칸딴데 쯔까이야스이노오 미세떼 쿠다사이.

❽ 한국에서도 사용할 수 있습니까?

韓国でも 使えますか。

캉꼬꾸데모 쯔까에마스까.

❾ A/S를 한국에서도 받을 수 있습니까?

アフターサービスは 韓国でも 受けられますか。

아후따-사-비스와 캉꼬꾸데모 우께라레마스까.

❿ 서울에 A/S센터가 있습니까?

ソウルに アフターサービスセンターが
ありますか。

소우루니 아후따-사-비스센따-가 아리마스까.

⓫ 220V 겸용입니까?

220ボルト 兼用ですか。

니햐꾸니쥬-보루또 켱요-데스까.

관련용어

• 바겐세일	バーゲンセール	바-겐세-루
• 대매출	大売り出し	오-우리다시
• 타임 세일	タイムセール	타이무세-루
• 할인 판매	安売り	야스우리
• 주력 상품	目玉商品	메다마쇼-힝
• 신제품	新製品	신세-힝
• 신발매	新発売	싱하쯔바이
• 신형	新型	싱가따
• 품절	売り切れ	우리끼레
• 워크맨	ウォークマン	워-꾸망
• 전기밥솥	電気炊飯器	뎅끼스이항끼
• 전자수첩	電子手帳	덴시테쪼-
• 전자사전	電子辞典	덴시지뗑
• 전기면도기	電気かみそり	뎅끼카미소리
• 무비카메라	ムービーカメラ	무-비-카메라

❶ 죄송하지만, 편의점은 어디입니까?

　すみませんが、コンビニは どこですか。

　스미마셍가, 콤비니와 도꼬데스까.

❷ 이 주변에 (편의점)이 있습니까?

　この辺に （コンビニ）は ありますか。

　코노헨니 (데빠–또)와 아리마스까.

　(슈퍼 / 우동가게 / 시장)

　(スーパー / うどん屋 / 市場)

　(스–빠– / 우동야 / 이찌바)

❸ 식품 코너는 어느 쪽입니까?

　食品コーナ-は どちらですか。

　쇼꾸힝코–나–와 도찌라데스까.

❹ 김치(쇼핑바구니)는 어디에 있습니까?

　キムチ（かご）は どこに ありますか。

　키무찌(카고)와 도꼬니 아리마스까.

❺ 삼각김밥을 사고 싶습니다만.

　おにぎり（おむすび）を 買いたいんですが。

　오니기리(오무스비)오 카이따인데스가.

❻ (샴푸)를 사고 싶습니다만.

(シャンプ)を 買いたいんですが。

(샴뿌)오 카이따인데스가.

(치약 / 컵라면 / 샌드위치)

(歯磨き / カップヌードル / サンドイッチ)

(하미가끼 / 캅뿌누 - 도루 / 산도잇찌)

❼ 뜨거운 물을 넣고 싶습니다만.

お湯を いれたいんですが。

오유오 이레따인데스가.

❽ 레인지에 데워 주세요.

レンジで 温めて ください。

렌지데 아따따메떼 쿠다사이.

❾ 봉지(비닐봉지 / 종이봉지) 주시겠어요?

袋(ビニール袋 / 紙袋) もらえますか。

후꾸로(비니-루부꾸로 / 카미부꾸로) 모라에마스까.

❿ 나무젓가락 좀 주세요.

わりばし ください。

와리바시 쿠다사이.

⓫ 팩스를 사용할 수 있습니까?

ファックスが 使えますか。

확꾸스가 쯔까에마스까.

• 편의점	コンビニ	콤비니
• 슈퍼	スーパー	스-빠-
• 삼각김밥	おにぎり	오니기리
• 주먹밥	おむすび	오무스비
• 식품 코너	食品コーナー	쇼꾸힝코-나-
• 김치	キムチ	키무찌
• 라면	ラーメン	라-멩
• 컵라면	カップヌードル	캅뿌누-도루
• 김	のり	노리
• 밥	ご飯	고항
• 샌드위치	サンドイッチ	산도잇찌
• 과자	お菓子	오카시
• 센베(전병)	せんべい	셈베-
• 냉동식품	冷凍食品	레-또-쇼꾸힝
• 인스턴트식품	インスタント食品	인스탄또 쇼꾸힝
• 도시락	おべんとう	오벤또-
• 샴푸	シャンプ	샴뿌
• 비누	せっけん	섹껭
• 칫솔	歯ブラシ	하부라시
• 치약	歯磨き	하미가끼
• 린스	リンス	린스

unit 7 기념품가게

❶ 토산품으로 추천할 만한 것은 무엇이 있을까요?

お土産に おすすめのものは 何でしょうか。

오미야게니 오스스메노모노와 난데쇼-까.

❷ 이 지방의 특산물(명물)은 무엇입니까?

この地方の 特産物(名物)は 何ですか。

코노찌호-노 톡삼부쯔(메-부쯔)와 난데스까.

❸ 가장 일본적인 것이 좋겠습니다만.

一番 日本的な物が いいんですが。

이찌방 니혼떼끼나모노가 이-ㄴ데스가.

❹ 기념 엽서(기념 전화 카드)를 사고 싶습니다만.

記念ハガキ(記念テレホンカード)を買いたい
んですが。

키넹하가끼(키넨테레홍카-도)오 카이따인데스가.

❺ (인형)들은 어떨까요?

(人形)なんかは いかがでしょうか。

(닝교-)낭까와 이까가데쇼-까.

(볼펜/전병/과자)

(ボールペン / せんべい / お菓子)

(보-루뻰 / 셈베- / 오까시)

❻ 일본 (야채절임) 등은 어떠세요?

日本の (つけもの)なんかは いかがですか。

니혼노 (쯔께모노)낭까와 이까가데스까.

(된장/매실초절임)

(味噌 / 梅干し)

(미소/우메보시)

❼ 오래 보관할 수 있습니까?

長持ち 出来ますか。

나가모찌 데끼마스까.

❽ 일주일(5일 / 3일) 정도는 괜찮습니다.

一週間(五日間 / 三日間) ぐらいは もちます。

잇슈-깡(이쯔쯔깡 / 믹까깡)구라이와 모찌마스.

❾ 따로따로 포장해 주세요.

別々に 包んで ください。

베쯔베쯔니 쯔쯘데 쿠다사이.

관련용어

● 볼펜	ボールペン	보-루뻰
● 기모노 인형	着物人形	키모노닝교-
● 부적	お守り	오마모리
● 우산	かさ	카사
● 양산	日傘	히가사
● 기념엽서	記念ハガキ	키넹하가끼
● 전화 카드	テレホンカード	테레홍카-도
● 도자기	焼き物	야끼모노
● 손목시계	腕時計	우데도께-
● 젓가락받침	箸置	하시오끼
● 젓가락	箸	하시
● 쥘부채	扇子	센스
● 열쇠고리	キーホルダー	키-호루다-
● 핸드폰 줄	ストラップ	스또랍뿌

chapter **09**

관공서

관공서

unit 1 은 행

❶ 환전하고 싶습니다만.
両替したいんですが。
료-가에시따인데스가.

❷ 환전하는 곳은 어디입니까?
両替するところは どこですか。
료-가에스루꼬로와 도꼬데스까.

❸ 어떻게 바꿔드릴까요?
どのように 替えましょうか。
도노요-니 카에마쇼-까?

❹ 잔돈도 섞어서 주시겠습니까?
小銭も 混ぜて もらえましょうか。
코제니모 마제떼 모라에마쇼-까?

❺ 이것을 잔돈으로 바꿔주셨으면 합니다만.
これを 細かくして ほしいんですが。
코레오 코마까꾸시떼 호시인데스가.

⑥ 은행은 몇 시까지입니까?

銀行は 何時までですか。

깅꼬–와 난지마데데스까?

⑦ 여행자 수표를 현금으로 주셨으면 합니다만.

トラベラ-ズチェックを 現金に して

もらいたいんですが。

토라베라–즈첵꾸오 겡낀니 시떼 모라이따인데스가.

⑧ 이 카드는 ATM을 이용할 수 있습니까?

このカ-ドは ATMが 使えますか。

코노카–도와 에이티에므가 쯔까에마스까?

⑨ 수수료는 얼마입니까?

手数料は いくらですか。

테스–료–와 이꾸라데스까?

- 환전 　　　　両替 　　　　　　료-가에
- 신분증명서 　　身分証明書 　　　미분쇼-메-쇼
- 비밀번호 　　　暗証番号 　　　　안쇼-방고-
- 발행 　　　　発行 　　　　　　학꼬-
- 기입 　　　　記入 　　　　　　키뉴-
- 인출 　　　　引き出し 　　　　히끼다시
- 구좌 　　　　口座 　　　　　　코-자
- 입금 　　　　振り込み 　　　　후리꼬미
- 수수료 　　　　手数料 　　　　　테스-료-
- 신청서 　　　申込書 　　　　　모-시꼬미쇼
- 카드 　　　　カード 　　　　　카-도
- 여행자수표 　　トラベラーズチェック 　토라베라-즈첵꾸

❶ 우체국은 어디입니까?

郵便局は どこですか。
유-빙꾜꾸와 도꼬데스까?

❷ 우체통은 어디에 있습니까?

郵便ポストは どこに ありますか。
유-빙포스또와 도꼬니 아리마스까?

❸ 우체국은 몇 시부터 몇 시까지입니까?

郵便局は 何時から 何時までですか。
유-빙꾜꾸와 난지까라 난지마데데스까?

❹ (편지)를 부치고 싶습니다만.

(てがみ)を 出したいんですが。
(테가미)오 다시따인데스가.

(엽서/그림엽서)

(ハガキ / 絵葉書)
(하가끼/에하가끼)

❺ 엽서(그림엽서)를 사고 싶습니다만.

ハガキ(絵葉書)が ほしいんですが。
하가끼(에하가끼)가 호시인데스가.

❻ 소포(서류)를 보내고 싶습니다만.

小包(書類)を 送りたいんですが。

코즈쯔미(쇼루이)오 오꾸리따인데스가.

❼ 내용물은 무엇입니까?

中身は 何ですか。

나까미와 난데스까?

❽ 책(잡지 / 옷 / 약)입니다.

本(雑誌 / 服 / 薬)です。

혼(잣시 / 후꾸 / 쿠스리)데스.

❾ 무게를 재보겠습니다.

重さを 計って みます。

오모사오 하깟떼 미마스.

❿ 항공편입니까? 선편입니까?

航空便ですか、船便ですか。

코-꾸-빈데스까? 후나빈데스까?

⓫ 항공편(선편)으로 부탁합니다.

航空便(船便)で おねがいします。

코-꾸-빈(후나빈)데 오네가이시마스.

⓬ 한국까지 얼마입니까?

韓国まで いくらですか。

캉꼬꾸마데 이꾸라데스까?

⓭ (한국까지)몇 일 정도 걸립니까?

(韓国まで) 何日ぐらい かかりますか。
(캉꼬꾸마데) 난니찌구라이 카까리마스까?

⓮ 약 일주일(5일) 정도 걸립니다.

約 一週間(五日間)ぐらい かかります。
야꾸 잇슈－깡(이쯔쯔깡)구라이 카까리마스.

⓯ 이것을 등기(속달)로 부탁합니다.

これを 書留(速達)で おねがいします。
코레오 카끼또메(소꾸타쯔)데 오네가이시마스.

⓰ 등기(속달)는 얼마입니까?

書留(速達)は いくらですか。
카끼또메(소꾸타쯔)와 이꾸라데스까?

⓱ 90엔짜리 우표를 한 장 주세요.

90円の 切手を 一枚 ください。
큐－쥬－엔노 킷떼오 이찌마이 쿠다사이

• 우체국	郵便局	유-빙꾜꾸
• 주소	住所	쥬-쇼
• 수신인	受取人	우께또리닝
• 발신인	差出人	사시다시닝
• 수신인의 주소와 이름	宛名	아떼나
• 등기	書留	카끼또메
• 속달	速達	소꾸다쯔
• 항공편	航空便	코-꾸-빙
• 선편	船便	후나빙
• 우표	切手	킷떼
• 택배	宅配便	타꾸하이빙
• 우편박스	ゆうパック	유-팍꾸
• 우체통	郵便ポスト	유-빙포스또
• 편지	手紙	테가미
• 편지지	便せん	빈셍
• 봉투	封筒	후-또-
• 전보	電報	뎀뽀-
• 내용물	中身	나까미

❶ 공중전화는 어디에 있습니까?

公衆電話は どこに ありますか。

코-슈-뎅와와 도꼬니 아리마스까?

❷ 전화 사용법을 가르쳐 주세요.

電話の使い方を 教えて ください。

뎅와노쯔까이까따오 오시에떼 쿠다사이.

❸ 전화카드는 어디에서 살 수 있습니까?

テレホンカ-ドは どこで 買えますか。

테레홍카-도와 도꼬데 카에마스까?

❹ 센다이의 지역 번호는 몇 번입니까?

仙台の 地域番号は 何番ですか。

센다이노 찌이끼방고-와 남반데스까?

❺ 여보세요. ○○라고 합니다만, △△ 씨 계십니까?

もしもし、○○と 申しますが、
△△さん いらっしゃいますか。

모시모시, ○○또 모-시마스가, △△상 이랏샤이마스까?

❻ △△△ 씨를 부탁합니다.

△△△さんを お願いします。

△△△상오 오네가이시마스.

❼ 실례지만, 누구십니까?

失礼ですが、どちらさまですか。

시쯔레-데스가, 도찌라사마데스까?

❽ 한국의 김철수라고 합니다만.

韓国の キム チョル スと 申しますが。

캉꼬꾸노 키무 쵸루 스또 모-시마스가.

❾ 지금 바꿔드리겠습니다.

今 おかわりします。

이마 오카와리시마스.

❿ 잠시 기다려 주세요.

少々 お待ちください。

소-쇼- 오마찌쿠다사이.

⓫ △△△는 지금 (부재중)입니다만.

△△△は ただいま (留守)ですが。

△△△와 타다이마 (루스)데스가.

(외출 중/여행 중/출장 중)

(外出中 / 旅行中 / 出張中)

(가이슈쯔쮸- / 료꼬-쮸- / 슛쬬-쮸-)

⓬ △△△는 집에 없는데요.

△△△は 出かけて おりますが。

△△△와 데까께떼 오리마스가.

⑬ △△△는 자리에 없습니다만.

△△△は 席を はずして おりますが。

△△△와 세끼오 하즈시떼 오리마스가.

⑭ 몇 시쯤 돌아오십니까?

何時ごろ おもどりに なりますか。

난지고로 오모도리니 나리마스까?

⑮ 6시까지는 돌아올 겁니다만.

6じまでには かえると 思いますが。

로꾸지마데니와 카에루또 오모이마스가.

⑯ 무슨 전할 말이라도 있습니까?

何か ご伝言でも おありでしょうか。

나니까 고뎅곤데모 오아리데쇼-까?

⑰ 나중에 또 전화하겠습니다.

あとで また お電話します。

아또데 마따 오뎅와시마스.

⑱ ○○로부터 전화가 왔었다고 전해주세요.

○○から 電話が あったと お伝えください。

○○까라 뎅와가 앗따또 오쯔따에쿠다사이.

⑲ 그럼 실례하겠습니다. (전화 끊을 때)

では、失礼します。/ では、ごめんください。

데와, 시쯔레-시마스. / 데와, 고멩쿠다사이.

• 전화번호	電話番号	뎅와방고-
• 공중전화	公衆電話	코-슈-뎅와
• 국제전화	国際電話	콕사이뎅와
• 시내전화	市内電話	시나이뎅와
• 지역번호	地域番号	찌이끼방고-
• 내선	内線	나이셍
• 전화카드	テレホンカ-ド	테레홍카-도
• 휴대전화	携帯電話	케-따이뎅와
	=줄여서 케-따이(携帯라고도 함)	

알아두세요

부재중일 때의 자동 응답 전화 메시지

●지금은 부재중입니다.
　ただいま 留守に なって おります.
　타다이마 루스니 낫떼 오리마스.

●삐-소리가 난 후에 성함과 전화 번호를 남겨 주세요.
　ピ-と 言う 音の あとに お名前と お電話番号を 残し
て ください.
　삐-또 유- 오또노 아또니 오나마에또 오뎅와방고-오
노꼬시떼 쿠다사이.

전화<국제 전화>

❶ 국제전화를 걸고 싶은데, 이 전화로 걸 수 있습니까?

国際電話を 掛けたいんですが、
この電話で 掛けられますか。
콕사이뎅와오 카께따인데스가,
코노뎅와데 카께라레마스까?

❷ 이 전화로 한국에 걸 수 있습니까?

この電話で 韓国に 掛けられますか。
코노뎅와데 캉꼬꾸니 카께라레마스까?

❸ 콜렉트콜로 한국에 전화하고 싶습니다만.

コレクトコールで 韓国に 電話したいんですが。
코레꾸또코-루데 캉꼬꾸니 뎅와시따인데스가.

❹ 서울에 연결해 주세요.

ソウルに つないで ください。
소우루니 쯔나이데 쿠다사이.

❺ 전화번호는 02-123-4567입니다.

電話番号は 02-123-4567です。
뎅와방고-와 제로니노 이찌니산노 용고로꾸나나데스.

❻ 전화가 도중에 끊겼습니다.

電話が 途中で 切れました。

뎅와가 토쮸-데 키레마시따.

❼ 다시 한 번 연결해 주세요.

もう 一度 つないで ください。

모- 이찌도 쯔나이데 쿠다사이.

❽ 요금은 수신자 부담으로 해 주세요.

料金は 先方払いに して ください。

료-낑와 셈뽀-바라이니 시떼 쿠다사이.

❾ 요금을 가르쳐 주세요.

料金は いくらですか。

료-낑와 이꾸라데스까?

알아두세요

일본의 공중전화

동전, 전화 카드, 신용 카드 등으로 전화를 할 수 있습니다. 시내 곳곳에 공중전화기가 있으며, 전화 카드는 편의점, 자동판매기(대개 공중전화 박스 안에 딸려 있음), 역의 매점, 서점 등에서 쉽게 구할 수 있습니다. 동전(10엔, 100엔)으로 전화를 걸 때 거스름돈은 나오지 않습니다. 1,000엔짜리 전화 카드의 경우 10엔에 1분 통화하는 기본 통화를 105회 할 수 있는데, 전화 카드는 쓰다가 남아도 현금으로 바꿀 수 없습니다.

알아두세요

국제 전화 카드

다양한 국제 전화 카드가 있어서 여행할 때 미리 구입해서 간다면 매우 편리합니다. 구입은 각 전화사나 인터넷을 활용한다면 싸고 유용한 카드를 구입할 수도 있고 통화 당 가격도 비교할 수 있어서 본인에게 유익한 카드를 선택할 수 있습니다. 주의할 점은 한국→외국, 외국→한국으로 전화를 하는 카드가 정해져 있으므로 반드시 확인하고 구입해야 합니다.

사용법은 접속 번호를 누르고 안내 방송에 따라 버튼을 누르면 되는데, 자세한 설명은 카드 뒷면에 자세히 나와 있으므로 잘 알고 활용한다면 저렴하고 편리하게 이용할 수 있습니다.

❶ 잠시 여쭙겠습니다만.

ちょっと おうかがいしますが。

촛또 오우까가이시마스가.

❷ 도와 주세요.

助けて ください。

타스께떼 쿠다사이.

❸ 길을 잃어버렸습니다.

道に 迷ってしまいました。

미찌니 마욧떼 시마이마시따.

❹ 여기는 어디입니까?

ここは どこですか。

코꼬와 도꼬데스까?

❺ 조금 천천히 말씀해 주십시오.

もう 少し ゆっくり 話して ください。

모- 스꼬시 육꾸리 하나시떼 쿠다사이.

❻ ~은 여기에서 멉니까(가깝습니까)?

~は ここから 遠いですか(近いですか)。

~와 코꼬까라 토-이데스까(치까이데스까)?

❼ 가장 가까운 역은 어디입니까?

最寄りの駅は どこですか。

모요리노 에끼와 도꼬데스까?

❽ 거기까지 걸어갈 수 있습니까?

そこまで 歩いて 行けますか。

소꼬마데 아루이떼 이께마스까?

❾ 여기에 적어 주세요.

ここに 書いて ください。

코꼬니 카이떼 쿠다사이.

❿ 여권(지갑)을 잃어버렸습니다.

パスポ-ト(財布)を なくして しまいました。

빠스뽀-또(사이후)오 나꾸시떼 시마이마시따.

⓫ 어디에서 잃어버리셨습니까?

どこで なくしましたか。

도꼬데 나꾸시마시따까?

⓬ 어디에서 잃어버렸는지 잘 모르겠습니다.

どこで なくしたか よく わかりません。

도꼬데 나꾸시따까 요꾸 와까리마셍.

chapter 10

사고

사고

❶ 길을 잃어버렸습니다.

道に 迷ってしまいました。

미찌니 마욛떼 시마이마시따.

❷ 파출소는 어디에 있습니까?

交番は どこに ありますか。

코-방와 도꼬니 아리마스까.

❸ 우에노공원을 찾고 있습니다만.

上野公園を 訪ねたいんですが。

우에노코-엥오 타즈네따인데스가.

❹ 동경역에 가고 싶습니다만,
어떻게 가면 좋을까요?

東京駅に 行きたいんですが、
どう 行ったら いいですか。

토-꾜-에끼니 이끼따인데스가,
도- 잇따라 이-데스까.

❺ ~에 가고 싶은데, 무슨 선을 타면 됩니까?

　~へ 行きたいんですが、

　何線に 乗れば いいんですか。
　~에 이끼따인데스가, 나니센니 노레바 이-ㄴ데스까?

❻ 이 근처에 (사쿠라 은행)이 있습니까?

　この辺に （さくら銀行）が ありますか。
　코노헨니 (사꾸라깅꼬-)가 아리마스까.

　(요도바시카메라/신주쿠 역)

　（ヨドバシカメラ/ 新宿駅）
　(요도바시카메라/신쥬꾸에끼)

❼ 저, 잠시 여쭙겠습니다.

　あのう、ちょっと おうかがいします。
　아노-, 춋또 오우까가이시마스.

❶ 여권과 항공권을 잃어버렸습니다.

パスポートと 航空券を なくして
しまいました。

파스뽀-또또 코-꾸-껭오 나꾸시떼 시마이마시따.

❷ (지갑)을 잃어버렸습니다.

(財布)を なくして しまいました。

(사이후)오 나꾸시떼 시마이마시따.

(JR패스 / 신용 카드 / 여행자 수표)

(JRパス / クレジットカ-ド / トラベラ-ズチェック)

(제이아-루파스 / 쿠레짓또카-도 / 토라베라-즈첵꾸)

❸ 파출소(경찰 / 유실물관리소)는 어디입니까?

交番(警察 / 遺失物の係)は どこですか。

코-방(케-사쯔 / 이시쯔부쯔노 카까리)와 도꼬데스까.

❹ 어디서 잃어버렸습니까?

どこで なくしたんですか。

도꼬데 나꾸시딴데스까.

❺ (그것을 잘) 모르겠습니다.

(それが よく) わかりません。

(소레가 요꾸) 와까리마셍.

❻ (택시)에 가방을 놓고 내려 버렸습니다.
(タクシ-)に かばんを 置き忘れて しまいました。
(타꾸시-)니 카방오 오끼와스레떼 시마이마시따.

(전철/지하철/버스)
(電車 / 地下鉄 / バス)
(덴샤/치까떼쯔/바스)

❼ 잃어버린 물건의 특징을 말씀해 주세요.
忘れ物の特徴を はなして ください。
와스레모노노 토꾸쬬-오 하나시떼 쿠다사이.

❽ 검정(갈색) 지갑입니다.
黒の(茶色の) 財布です。
쿠로노(챠이로노) 사이후데스.

작은 빨간 가방입니다.
小さい 赤のかばんです。
찌-사이 아까노 카방데스.

❾ 경찰에 여권 분실 신고하고 싶습니다만.
警察に パスポ-ト紛失届けを だしたいんですが。
케-사쯔니 파스뽀-또 훈시쯔토도께오 다시따인데스가.

어떻게 하면 좋을까요?
どうしたら いいでしょうか。
도-시따라 이-데쇼-까.

⑩ (한국 대사관)에 가는 길을 가르쳐 주시겠습니까?

(韓国大使館)に 行く 道を おしえて
ください ませんか。
(캉꼬꾸따이시깐)니 이꾸 미찌오 오시에떼 쿠다사이마셍까.

(한국 영사관)
(韓国領事館)
(캉꼬꾸료-지깐)

⑪ 여권을 분실해서 재발급을 받고 싶습니다만.

パスポートを なくして再発行をしてもらいた
いんですが。
파스뽀-또오 나꾸시떼 사이학꼬-오 시떼
모라이따인데스가.

⑫ 분실 증명 확인서는 가지고 계십니까?

紛失証明確認書は お持ちでしょうか。
훈시쯔쇼-메-카꾸닌쇼와 오모찌데쇼-까.

⑬ 재발급에 몇 일 정도 걸립니까?

再発行に 何日ぐらい かかりますか。
사이학꼬-니 난니찌구라이 카까리마스까.

⑭ 신분 증명서를 가지고 계십니까?

身分証明書を お持ちでしょうか。
미분쇼-메-쇼오 오모찌데쇼-까.

⑮ 신용 카드 번호는 *******입니다.

クレジットカ-ドナンバ-は*******です。
쿠레짓또카-도남바-와 *******데스.

⑯ (신용) 카드를 사용 정지시켜 주세요.

(クレジット)カ-ドを 中止させて ください。
(쿠레짓또)카-도오 츄-시사세떼 쿠다사이.

⑰ 여행자 수표 번호를 알고 계십니까?

トラベラ-ズチェックナンバ-を ご存じですか。
토라베라-즈첵꾸남바-오 고존지데스까.

⑱ 번호는 *****에서 ******까지입니다.

番号は *****から******までです。
방고-와 *****까라 ******마데데스.

⑲ 여행자 수표 영수증을 갖고 계십니까?

トラベラ-ズチェックの 領収証を お持ちですか。
토라베라-즈첵꾸노 료-슈-쇼-오 오모찌데스까.

⑳ 가지고 계시면 보여 주세요.

お持ちでしたら 見せて ください。
오모찌데시따라 미세떼 쿠다사이.

❶ 지갑을 도둑맞았습니다.
　財布を 盗まれて しまいました。
　사이후오 누스마레떼 시마이마시따.

❷ 전철 안에서 소매치기당했습니다.
　電車のなかで すられたんです。
　덴샤노나까데 스라레딴데스.

❸ 길에서 날치기당했습니다.
　道で 引ったくられたんです。
　미찌데 힛따꾸라레딴데스.

❹ 파출소(경찰)는 어디입니까?
　交番(警察)は どちらですか。
　코-방(케-사쯔)와 도찌라데스까.

❺ 도난 신고를 내고 싶습니다만.
　盗難届けを 出したいんですが。
　토-난토도께오 다시따인데스가.

❻ 도난 증명서를 받고 싶습니다만.
　盗難証明書を もらいたいんですが。
　토-난쇼-메-쇼오 모라이따인데스가.

unit 4 　교통 사고

❶ 교통 사고입니다.

交通事故です。

코-쯔-지꼬데스.

❷ 경찰(구급차/의사)을 불러 주세요.

警察(救急車 / 医者)を 呼んでください。

케-사쯔(큐-뀨-샤/이샤)오 욘데 쿠다사이.

❸ 괜찮습니까?

大丈夫ですか。

다이죠-부데스까.

❹ 네, 괜찮습니다.

はい、大丈夫です。

하이, 다이죠-부데스.

❺ 차에 치였습니다.

車に ひかれました。

쿠루마니 히까레마시따.

❻ 교통사고(충돌사고)를 당했습니다.

交通事故(衝突事故)に あいました。

코-쯔-지꼬(쇼-또쯔지꼬)니 아이마시따.

❼ 부상자가 있습니다.

けが人が います。

케가닝가 이마스.

❽ 신속히 해주세요.

急いで ください。

이소이데 쿠다사이.

❾ 진단서를 써 주세요.

診断書を 書いて ください。

신단쇼오 카이떼 쿠다사이.

❿ 사고 증명서를 복사해 주셨으면 합니다만.

事故証明書を コピ-して もらいたいんですが。

지꼬쇼-메-쇼오 코삐-시떼 모라이따인데스가.

● 사고	事故	지꼬
● 교통 사고	交通事故	코-쯔-지꼬
● 충돌	衝突	쇼-또쯔
● 부상자	けが人	케가닝
● 진단서	診断書	신단쇼
● 사고 증명서	事故証明書	지꼬쇼-메-쇼
● 구급차	救急車	큐-뀨-샤
● 보험회사	保険会社	호껭카이샤

unit 5 병원에서

❶ 몸이 아픕니다.

体の 具合いが 悪いんです。
카라다노 구아이가 와루인데스.

❷ 열이 있습니다.

熱が あります。
네쯔가 아리마스.

❸ 감기 기운이 있는 것 같습니다.

風邪気味です。
카제기미데스.

❹ 감기가 든 것 같습니다.

風邪を ひいたようです。
카제오 히이따요-데스.

❺ 현기증이 납니다.

めまいが します。
메마이가 시마스.

❻ 머리(목/배/이)가 아픕니다.

頭(喉 / お腹 / 歯)が いたいんです。
아따마(노도/오나까/하)가 이따인데스.

❼ 두통이 납니다.

頭痛が します。

즈쯔-가 시마스.

❽ 목이 부었습니다.

喉が はれて います。

노도가 하레떼 이마스.

❾ 코가 막혔습니다.

鼻が 詰まって います。

하나가 쯔맛떼 이마스.

❿ 콧물이 납니다.

鼻水が でます。

하나미즈가 데마스.

⓫ 기침이 심합니다. / 기침이 멈추지 않습니다.

せきが ひどいんです。/ せきが とまらないんです。

세끼가 히도인데스. / 세끼가 토마라나인데스.

⓬ 가렵습니다.

かゆいんです。

카유인데스.

⓭ 재채기가 납니다.

くしゃみが でます。

쿠샤미가 데마스.

⑭ 한기가 듭니다.
　寒気が します。
　사무께가 시마스.

⑮ 몸이 나른합니다.
　体が だるいんです。
　카라다가 다루인데스.

⑯ 식욕이 없습니다.
　食欲が ありません。
　쇼꾸요꾸가 아리마셍.

⑰ 식중독인 것 같습니다.
　食あたりのようです。
　쇼꾸아따리노 요-데스.

⑱ 배탈이 났습니다.
　お腹を 壊して しまいました。
　오나까오 코와시떼 시마이마시따.

⑲ 구토가 납니다.
　吐気が します。
　하끼께가 시마스.

⑳ 설사를 합니다.
　下痢を します。
　게리오 시마스.

㉑ 잠을 잘 자지 못합니다.

よく 眠れません。

요꾸 네무레마셍.

㉒ 다리를 삔 것 같습니다.

足を くじいたようです。

아시오 쿠지-따요-데스.

㉓ 화상을 입었습니다(데었습니다).

やけどを しました。

야께도오 시마시따.

㉔ 여행을 계속해도 되겠습니까?

旅行を 続けても いいですか。

료꼬-오 쯔즈께떼모 이-데스까.

㉕ 진단서를 써 주세요.

診断書を 書いて ください。

신단쇼오 카이떼 쿠다사이.

관련용어

• 의사	医者	이샤
• 간호사님	看護婦さん	캉고후상
• 주사	注射	쮸-샤
• 내과	内科	나이까
• 외과	外科	게가
• 치과	歯科	시까
• 이비인후과	耳鼻科	지비까
• 정형외과	整形外科	세-께-게까
• 안과	眼科	강까

관련용어

• 몸	体	카라다		• 손	手	테
• 머리	頭	아따마		• 손목	手首	테꾸비
• 얼굴	顔	카오		• 팔꿈치	肘	히지
• 이마	額	히따이		• 가슴	胸	무네
• 코	鼻	하나		• 배	お腹	오나까
• 눈	目	메		• 등	背中	세나까
• 입	口	쿠찌		• 허리	腰	코시
• 귀	耳	미미		• 다리	脚	아시
• 목	喉	노도		• 발	足	아시
• 어깨	肩	카따		• 무릎	膝	히자
• 팔	腕	우데				

❶ (밴드)를 주세요.

(バンドエイド)を　ください。

(반도에이도)오 쿠다사이.

(소화제 / 붕대 / 진통제 / 감기약)

(消化剤 / 包帯 / 鎮痛剤 / 風邪薬)

(쇼-까자이 / 호-따이 / 친쯔-자이 / 카제구스리)

❷ 식전(식후)에 복용해 주세요.

食前(食後)に　飲んで　ください。

쇼꾸젠(쇼꾸고)니 논데 쿠다사이.

❸ 식후 30분 후에 복용해 주세요.

食後 30分に　飲んで　ください。

쇼꾸고 산쥼뿐니 논데 쿠다사이.

❹ 이 처방전 약을 주세요.

この処方せんの　薬を　ください。

코노 쇼호-센노 쿠스리오 쿠다사이.

❺ 하루에 몇 번 복용하면 됩니까?

一日 何回 飲んだら　いいですか。

이찌니찌 낭까이 논다라 이-데스까.

❻ 소화제 있습니까?

消化剤は ありますか。

쇼-까자이와 아리마스까.

❼ 두통이 납니다. 진통제를 주세요

頭痛が します。鎮痛剤を ください。

즈쯔-가 시마스. 친쯔-자이오 쿠다사이.

❽ 이 약은 처방전이 필요합니다.

この 薬は 処方箋が あります。

코노 쿠스리와 쇼호-센가 아리마스.

❾ 멀미약을 주세요.

酔い止めを ください。

요이도메오 쿠다사이.

chapter 11

초대 · 방문

초대 · 방문

❶ 오늘 밤 시간 있습니까?

こんばん、おひまですか。
콤방, 오히마데스까.

❷ 이번 일요일 날 저녁식사에 초대하고 싶은데요.

こんどの 日曜日 夕食に おまねきしたい
んですが。
콘도노 니찌요-비 유-쇼쿠니 오마네끼시따인데스가.

❸ 저녁 식사라도 함께 어떻습니까?

夕食でも いっしょに いかがですか。
유-쇼꾸데모 잇쇼니 이까가데스까.

❹ 내일 무슨 일정(예정)이 있으세요?

明日 なにか ご予定が ありますか。
아시따 나니까 고요떼-가 아리마스까.

❺ 그럼, 집에 놀러 오시지 않겠어요?

じゃ、うちへ あそびに
いらっしゃいませんか。

쟈, 우찌에 아소비니 이랏샤이마셍까.

❻ 일요일 날 집에 오시지 않겠어요?

日曜日、うちへ いらっしゃいませんか。

니찌요-비, 우찌에 이랏샤이마셍까.

❼ 네, 꼭 와 주세요.

はい、ぜひ きて ください。

하이, 제히 키떼 쿠다사이.

❽ 집에 놀러 오시지 않겠어요?

うちへ あそびに いらっしゃいませんか。

우찌에 아소비니 이랏샤이마셍까.

❾ 함께 저녁식사라도 하실까요?(어떠세요?)

いっしょに 夕食でも いかがですか。

잇쇼니 유-쇼꾸데모 이까가데스까.

❶ 네, 한가한데요.

　いは、 ひまですけど。

　하이, 히마데스께도.

❷ 가도 됩니까?

　いっても いいですか。

　잇떼모 이-데스까.

❸ 좋아요. 그렇게 합시다.

　いいですよ。 そうしましょう。

　이-데스요. 소-시마쇼-.

❹ 초대해 주시는 거예요? 기쁘군요.

　しょうたいして くださるんですか。

　うれしいですね。

　쇼-따이 시떼 쿠다사룬데스까. 우레시-데스네.

❺ 초대해 주셔서 감사합니다.

　おまねき ありがとう ございます。

　오마네끼 아리가또- 고자이마스.

❻ 감사합니다. 기꺼이.

　ありがとうございます。 ろこんで。

　아리가또- 고자이마스. 요로꼰데.

❼ 네, 기꺼이(가죠).

はい、よろこんで。
하이, 요로꼰데.

❽ 네, 기꺼이 찾아뵙겠습니다.

はい、よろこんで うかがいます。
하이, 요로꼰데 우까가이마스.

❾ 몇 시에 찾아뵐까요?

何時に うかがいましょうか。
난지니 우까가이마쇼-까.

❿ 호의는 고맙습니다만.

ご好意は ありがたいんですが。
고코-이와 아리가따인데스가.

⓫ 좀 선약이 있어서요.

ちょっと 先約が ありまして。
촛또 셍야꾸가 아리마시떼.

⓬ 다음 주라면 좋겠습니다만.

来週なら いいですが。
라이슈-나라 이-데스가.

⓭ 내일은 좀……

明日は ちょっと……。
아시따와 촛또…….

⓮ 호의는 감사합니다만, 선약이 있어서요.

ご好意は ありがたいんですが、
先約が ありまして。

고꼬우이와 아리가따인데스가,
센야꾸가 아리마시떼.

⓯ 그러세요. 유감이군요.

そうですか。残念ですね。

소-데스까. 잔넨데스네.

unit 3   방문할 때

❶ 실례합니다.
ごめんください。
고멩쿠다사이.

❷ 네, 누구십니까?
はい、どちらさまですか。
하이, 도찌라사마데스까.

❸ 김철수입니다.
キムチョルスです。
키무쵸루스데스.

❹ 아, 김씨, 안녕하세요. 기다리고 있었습니다.
ああ、きむさん、こんにちは。
おまちして おりました。
아-, 키무상, 콘니찌와. 오마찌시떼 오리마시따.

❺ 어서 오세요.
いらっしゃいませ。
이랏샤이마세.

❻ 자, 들어오세요.
どうぞ、おあがりください。
도-조, 오아가리쿠다사이.

❼ 실례하겠습니다.

おじゃまします。

오쟈마시마스.

❽ 자 이쪽으로(오세요, 앉으세요).

では、えんりょなく。

데와, 엔료나꾸.

❾ 자 편히 앉으세요(계세요).

どうぞ、気楽に。

도-조, 키라꾸니.

❿ 지금 차를 낼테니 잠시 기다려주십시오.

いま おちゃを いれますから
しょうしょう おまちください。

이마 오챠오 이레마스까라
쇼-쇼- 오마찌쿠다사이.

⓫ 제게 신경 쓰지 마세요.

どうぞ おかまいなく。

도-조 오카마이나꾸.

관련용어

● 아침밥	朝ご飯	아사고항
● 아침 식사	朝食	쵸-쇼꾸
● 점심(밥)	昼ご飯	히루고항
● 점심 식사	昼食	츄-쇼꾸
● 저녁(밥)	晩ご飯 · 夕ご飯	방고항 · 유-고항
● 저녁 식사	夕食	유-쇼꾸

알아두세요

방문 에티켓

1. 방문하기 전에 전화 등으로 약속을 한다.
2. 현관에 들어갈 때 おじゃまします 혹은 しつれいします라고 말하고 들어간다.
3. 구두는 구두 앞쪽이 현관 쪽을 향하도록 가지런히 놓고 들어간다.
4. 집을 방문할 때는 간단한 선물(てみやげ)을 가지고 가는데, 꽃이나 케이크와 같은 음식물(즉 냉장고에 바로 들어가야 하는 것) 등은 현관에서 건네며, 다른 것이라면 들어가서 건넨다.
5. 돌아갈 때는 정말 고마웠다는 인사말을 한다.

❶ 이제 슬슬 돌아가겠습니다.

もう そろそろ かえらせて いただきます。

모-소로소로카에라세떼 이따다끼마스.

❷ 천천히 계시다 가시지요.

ゆっくりして いって ください。

육꾸리시떼 잇떼 쿠다사이.

❸ 오늘은 정말로 즐거웠습니다.

今日は ほんとうに 楽しかったです。

쿄-와 혼또-니 타노시깟따데스.

❹ 아니오, 내일 시험이 있어서요.

いえ、明日 テストが ありますから。

이에, 아시따 테스토가 아리마스까라.

❺ 그러세요? 아무 대접도 못해서요.

そうですか。

何のおかまいも できませんで。

소-데스까. 난노오까마이모 데끼마센데.

❻ 또 오세요.

また、いらっしゃって ください。

마따, 이랏샷떼 쿠다사이.

❼ 감사합니다. 그럼, 오늘은 이것으로 실례하겠습니다.

ありがとうございました。

じゃ、今日は これで しつれいします。

아리가또-고자이마시따.

쟈, 쿄-와 코레데 시쯔레-시마스.

❽ 살펴가세요.

おきを つけて。

오키오 쯔께떼.

❾ 댁의 여러분들에게도 안부 전해 주세요.

おうちの みなさんにも よろしく

おつたえください。

오우찌노 미나산니모 요로시꾸 오쯔따에쿠다사이.

chapter 12

귀국

1. 항공권 예약 확인 및 변경
2. 탑승 수속

귀국

unit 1 항공권 예약 확인 및 변경

❶ 예약을 확인하고 싶습니다만.

予約を 確認したいんですが。

요야꾸오 카꾸닌시따인데스가.

❷ 이름은 ○○○이고,
내일 오전 10시 서울행 KE707편입니다.

名前は ○○○で あした 午前 10時 ソウ
ル行 KE 707便です。

나마에와 ○○○이고, 아시따 고젠 쥬-지 소우루유끼
케이이 나나제로나나빈데스.

❸ 예약 확인이 되셨습니다.

予約の 確認が できました。

요야꾸노 카꾸닝가 데끼마시따.

❹ 본인입니까?

ご本人ですか。

고혼닌데스까.

❺ 연락처의 전화 번호를 말씀해 주세요.

ご連絡先の 電話番号を 教えて ください。
고렌라꾸사키노 뎅와방고-오 오시에떼 쿠다사이.

❻ 예약을 변경하고 싶습니다만.

予約を 変更したいんですが。
요야꾸오 헹꼬-시따인데스가.

❼ 예약을 취소하고 싶습니다만.

予約を キャンセルしたいんですが。
요야꾸오 캰세루시따인데스가.

❽ 확인해 볼테니 잠시 기다려주십시오.

確認しますので、少々 お待ちください。
카꾸닌시마스노데, 쇼-쇼- 오마찌쿠다사이.

❾ 성함과 비행기편을 말씀해 주세요.

お名前と フライトナンバ-を どうぞ。
오나마에또 후라이또 남바-오 도-조.

❿ 토요일 16시 비행기로 변경하고 싶습니다.

土曜日 16時の 飛行機に 変更したいです。
도요-비 쥬-로꾸지노 히꼬-끼니 헹꼬-시따이데스.

⓫ 출발일을 변경하고 십습니다.

出発の日を 変更したいです。
슙빠쯔노히오 헹꼬-시따이데스.

⑫ 바빠서 그런데요, 대기자는 가능합니까?

急いで いるんですが、
キャンセル待ちは できますか。

이소이데 이룬데스가, 캰세루마찌와 데끼마스까.

⑬ 출발 2시간 전까지는 도착하도록 해 주세요.

出発の 2時間 前までには 到着するよう
おねがいします。

슙빠쯔노 니지깐 마에마데니와 토-쨔꾸스루요-
오네가이시마스.

❶ 탑승 수속은 어디에서 합니까?

搭乗手続きは どこで しますか。
토-죠-테쯔즈끼와 도꼬데 시마스까.

❷ KAL(JAL) 카운터는 어디입니까?

KAL(JAL) カウンタ-は どこですか。
카루(자루)카운따-와 도꼬데스까.

❸ 저기입니다.

あそこです。
아소꼬데스.

❹ 휴대품 보관소는 어디에 있습니까?

手荷物預かり所は どこに ありますか。
테니모쯔아즈까리쇼와 도꼬니 아리마스까.

❺ 이 짐(여행 가방)을 맡기고 싶습니다만.

この 荷物(ス-ツケ-ス)を 預けたいんですが。
코노 니모쯔(스-쯔케-스)오 아즈께따인데스가.

❻ 서울에 몇 시에 도착합니까?

ソウルに 何時に つきますか。
소우루니 난지니 쯔끼마스까.

❼ 몇 시부터 탑승 가능합니까?

何時から 搭乗できますか。

난지까라 토-죠-데끼마스까.

❽ 탑승 게이트는 어디입니까?

搭乗ゲ-トは どこですか。

토-죠-게-또와 도꼬데스까.

❾ 14시 반(30분) 출발 비행기인데요,
늦지 않았습니까?

十四時 半(三十分) 出発の 飛行機ですが、
間に合いますか。

쥬-요지 항(산쥬뿡) 슙빠쯔노 히꼬-끼데스가,
마니아이마스까.

❿ 네, 아직 괜찮습니다.

はい、まだ 間に合います。

하이, 마다 마니아이마스.

⓫ 항공권과 여권을 보여 주세요.

航空券と パスポ-トを 見せて ください。

코-꾸-껜또 빠스뽀-또오 미세떼 쿠다사이.

⓬ 짐은 이것뿐입니까?

お荷物は これだけですか。

오니모쯔와 코레다께데스까.

⑬ 24번 게이트에서 탑승해 주세요.

24番 ゲ-トで 搭乗して ください。

니쥬-욤방 게-또데 토-죠-시떼 쿠다사이.

⑭ 네, 감사합니다.

はい、どうも(ありがとうございます)。

하이, 도-모(아리가또-고자이마스).

⑮ 짐은 몇 킬로까지입니까?

荷物は なんキロまでですか。

니모쯔와 낭끼로마데데스까.

chapter **13**

부 록

1. 일본의 먹거리
2. 생활 용어 단어장

1. 일본의 먹거리

1. 밥 종류

① 오니기리(おにぎり) - 주먹밥

원래는 여행할 때 가지
고 다니던 보존식으로 우
메보시(梅干し)나 대구알
(たらこ), 연어(鮭), 명란

(明太子) 등 생선이나 알 등을 넣어 뭉치거나, 김
으로 싸서 먹습니다. 오무스비(おむすび)라고도
합니다. 우리 나라에도 삼각김밥이라는 이름으로
편의점에서 판매되고 있는 주먹밥을 이릅니다.

② 돔부리(どんぶり)

덮밥. 쌀밥 위에 각종
요리를 얹어 먹는 것으로
규동(牛丼, 쇠고기 덮밥),
카츠동(カツ丼, 돈까스 덮

밥), 오야코동(親子丼, 닭고기와 계란 덮밥), 덴동
(天丼, 새우튀김 덮밥) 등 다양합니다.

③ 에키벤(駅弁)

역에서 파는 도시락으로, 각 지방 특산물이 주
재료인 도시락이어서 여행객들에게 그 지방을 느
끼게 해주는 도시락 음식입니다. 오늘날은 전국의
에키벤을 백화점 식품가 등에서도 팔고 있어 전
국의 맛을 한 자리에서 감상할 수 있습니다.

2. 면 종류

① 우동(うどん)

국수보다 면발이 굵은 우동은 덴뿌라우동, 타누키우동, 기츠네우동 등 종류가 다양하며, 취향에 따라 시치미도우가라시(七味唐辛子) 등을 뿌려 먹습니다.

② 라면(ラ-メン)

중국식 생면을 여러 가지 맛의 육수에 말아먹습니다. 쇼유라멘(간장맛), 미소라멘(된장맛), 시오라멘(소금맛) 등 다양합니다.

③ 소바(そば)

소바는 밀가루로 만든 일반 국수와 메밀국수의 두 종류가 있습니다. 메밀국수를 장국(つゆ)에 찍어 먹는 것을 자루소바라고 합니다.

3. 생선류

① 사시미(さしみ) : 생선회

② 스시(寿司, 초밥)

원래 스시는 부패를 방지하기 위해 생선을 소금에 절인 것을 일컫었는데, 에도(江戸)시대 (1603~1867)에 식초를 이용 밥과 함께 먹던 것이 에도(도쿄)에서는 주먹으로 뭉친 밥 위에 생선을 얹어 니기리즈시(にぎりずし)를 만든 것이 오늘날의 스시가 되었습니다.

4. 튀김류

① 덴뿌라(天ぷら)

튀김요리. 야채나 해산물 등을 튀겨 먹는데, 튀김옷을 얇게 입혀 바삭하며, 야채와 생선의 제 맛을 느낄 수 있습니다.

② 돈까스(トンカツ)

 일본의 돈까스는 고기가 두껍고 튀김옷이 얇아 고기의 쫄깃한 맛과 다양한 소스가 어우러져 한 번쯤 먹어볼 만합니다. 카츠동(カツ丼), 카츠카레(カツカレ-) 등 다른 음식과 접목시킨 것도 일본 돈까스의 특징입니다.

5. 구이류

① 오코노미야키(お好み焼き)

 일본식 부침개로 여러 가지 재료를 철판에 부쳐 먹는 음식입니다.

② 야키니쿠(焼き肉)

 불고기. 양념하지 않은 로스나 가볍게 양념을 묻힌 고기를 구워, 양념맛이 아닌 고기 본래의 맛을 냅니다.

6. 전골류

① 샤부샤부 (しゃぶしゃぶ)

얇게 저민 쇠고기와 갖은 야채를 끓는 물에 데쳐 소스에 찍어먹는 요리로 그 소리가 '샤브샤브'라고 들린다고 하여 이런 이름이 붙었다고 합니다.

② 스키야키 (すき焼き)

고기와 두부, 버섯, 당면 등을 양념하여 철판 위에서 끓여 먹는 요리로 쇠고기 전골 정도에 해당됩니다.

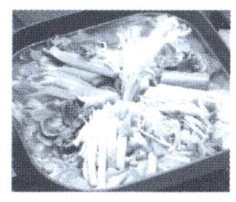

③ 나베모노 (鍋物)

냄비에 넣고 끓이는 국물요리.

7. 그 밖의 일본 음식

① 츠케모노(漬物)

채소를 쌀겨나 소금, 된장 등에 박아서 먹는 일본식 김치류로 다쿠앙을 비롯하여 배추, 무, 오이, 가지, 당근 등 종류도 다양합니다.

② 우메보시(梅干し)

매화를 시소(紫蘇)잎에 절인 것인데, 식중독을 예방하며 보존력이 뛰어나 일본 음식에 없어서는 안 되는 중요한 음식입니다. 새콤하고 짭짤한 독특한 맛이 납니다.

③ 낫또(納豆)

일본식 청국장이라고나 할까. 그러나 우리 나라 청국장처럼 국물 요리에 쓰이는 것이 아니라 간장, 대파, 계란 등을 섞어 비벼서 밥과 함께 먹

습니다. 독특한 냄새와 끈적임 때문에 거부감이
일 수도 있습니다.

④ 카레(カレ-)

일본 전통 음식이 아니면서도 거의 일본 음식
화된 것이 돈까스와 더불어 카레를 꼽을 수 있습
니다. 여러 가지 스파이스를 사용한 카레는 맛도
다양합니다.

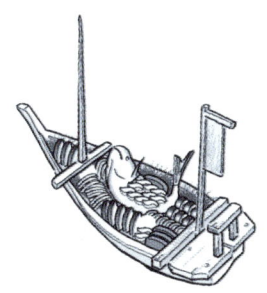

2. 생활 용어 단어장

날 짜			
1日	쯔이따찌	17日	쥬-시찌니찌
2日	후쯔까	18日	쥬-하찌니찌
3日	믹까	19日	쥬-쿠니찌
4日	욕까	20日	하쯔까
5日	이쯔까	21日	니쥬-이찌니찌
6日	무이까	22日	니쥬-니니찌
7日	나노까	23日	니쥬-산니찌
8日	요-까	24日	니쥬-욕까
9日	코꼬노까	25日	니쥬-고니찌
10日	토-까	26日	니쥬-로꾸니찌
11日	쥬-이찌니찌	27日	니쥬-시찌니찌
12日	쥬-니니찌	28日	니쥬-하찌니찌
13日	쥬-산니찌	29日	니쥬-쿠니찌
14日	쥬-욕까	30日	산쥬-니찌
15日	쥬-고니찌	31日	산쥬-이찌니찌
16日	쥬-로꾸니찌	何日	난니찌 (며칠)

오늘은 며칠입니까?   쿄-와 난니찌데스까? (今日は何日ですか。)

요일(曜日)

日曜日	니찌요-비	木曜日	모꾸요-비
月曜日	게쯔요-비	金曜日	킹요-비
火曜日	카요-비	土曜日	도요-비
水曜日	스이요-비	何曜日	낭요-비 (무슨 요일)

일(日)

그저께	오또또이	おととい	모레	아삿떼	あさって
어제	키노--	きのう	글피	시아삿떼	しあさって
오늘	쿄--	きょう	매일	마이니찌	まいにち
내일	아시따/아스	あした/あす			

월(月)

지지난달	센셍게쯔	先々月	다음달	라이게쯔	来月
지난달	셍게쯔	先月	다다음달	사라이게쯔	さ来月
이달	콩게쯔	今月	매달	마이쯔끼/마이게쯔	毎月

연(年)

재작년	오또또시	おととし	내년	라이넹	来年
작년	사꾸넹/쿄넹	昨年/去年	내후년	사라이넹	さ来年
올해	코또시	今年	매년	마이또시/마이넹	毎年

주(週)

지지난주	센센슈--	先々週	다음주	라이슈--	来週
지난주	센슈--	先週	다다음주	사라이슈--	さ来週
이번주	콘슈--	今週	매주	마이슈--	毎週

숫 자

0	레-	れい	1000	센
1	이찌	いち	2000	니센
2	니	に	3000	산젠
3	상	さん	4000	욘센
4	용·시	よん·し	5000	고센
5	고	ご	6000	록센
6	로꾸	ろく	7000	나나센
7	시찌·나나	しち·なな	8000	핫센
8	하찌	はち	9000	큐-센
9	큐·쿠	きゅう·く	1万	이찌망
10	쥬-		2万	니망
20	니쥬-		3万	삼망
30	산쥬-		4万	욤망
40	욘쥬-		5万	고망
50	고쥬-		6万	로꾸망
60	로꾸쥬-		7万	나나망
70	시찌쥬-		8万	하찌망
80	하찌쥬-		9万	큐-망
90	큐-쥬-		10万	쥬-망
100	하꾸		100万	하꾸망
200	니하꾸		1000万	셈망
300	삼뱌꾸		1億	이찌오꾸
400	용하꾸			
500	고하꾸			
600	롭빠꾸			
700	나나하꾸			
800	합빠꾸			
900	큐-하꾸			

시 간			
1時	이찌지	5分	고홍
2時	니지	10分	쥽뿅
3時	산지	15分	쥬-고홍
4時	요지	20分	니쥽뿅
5時	고지	25分	니쥬-고홍
6時	로꾸지	30分/半	산쥽뿅/항
7時	시찌지	35分	산쥬-고홍
8時	하찌지	40分	욘쥽뿅
9時	쿠지	45分	욘쥬-고홍
10時	쥬-지	50分	고쥽뿅
11時	쥬-이찌지	55分	고쥬-고홍
12時	쥬-니지	60分	로꾸쥽뿅
何時	난지 (몇시)	1時間	이찌지깡
~時頃	~지고로 (~시경)	何分	남뿅 (몇분)

지금 몇 시입니까?   이마 난지데스까?(今何時ですか。)
지금 몇분입니까?   이마 남뿅데스까?(今何時ですか。)

갯수(개)					
하나	히또쯔	ひとつ	여섯	뭇쯔	むっつ
둘	후따쯔	ふたつ	일곱	나나쯔	ななつ
셋	밋쯔	みっつ	여덟	얏쯔	やっつ
넷	욧쯔	よっつ	아홉	코꼬노쯔	ここのつ
다섯	이쯔쯔	いつつ	열	토-	とお
몇 (몇개)	이꾸쯔	いくつ			

몇 개 입니까?   이꾸쯔데스까?(いくつですか。)

조수사 – 개(작은것 셀 때)

한 개	익꼬	いっこ	일곱개	나나꼬	ななこ
두 개	니꼬	にこ	여덟개	학꼬	はっこ
세 개	상꼬	さんこ	아홉개	큐-꼬	きゅうこ
네 개	용꼬	よんこ	열 개	쥭꼬/직꼬	じゅっこ/じっこ
다섯개	고꼬	ごこ	몇 개	난꼬	なんこ
여섯개	록꼬	ろっこ			

조수사 – 자루(本, 가늘고 긴것)

한 자루	입뽕	いっぽん	일곱자루	나나홍	ななほん
두 자루	니홍	にほん	여덟자루	합뽕	はっぽん
세 자루	삼봉	さんぼん	아홉자루	큐-홍	きゅうほん
네 자루	용홍	よんほん	열 자루	쥽뽕	じゅっぽん
다섯자루	고홍	ごほん		집뽕	じっぽん
여섯자루	롭뽕	ろっぽん	몇 자루	남봉	なんぼん

조수사 – 층(階)

1階	익까이	6階	록까이
2階	니까이	7階	나나까이
3階	상가이/상까이	8階	학까이
4階	용까이	9階	큐-까이
5階	고까이	10階	쥭까이/직까이

위치 · 방향

위	우에	上	동	히가시	東
아래	시따	下	서	니시	西
가운데	나까	中	남	미나미	南
왼쪽	히다리	左	북	키따	北
오른쪽	미기	右	앞	마에	前
맞은편	무까이	むかい	뒤	우시로	後ろ
근처	치까꾸	近く	옆	요꼬	よこ
이웃	토나리	となり	사이	아이다	間

일본식 외래어 표현

유럽	Europe	요-롭파	ヨーロッパ
맥도널드	McDonald	마쿠도나루도	マクドナルド
뜨거운	hot	홋또	ホット
돈	money	마네-	マネー
매너	manner	마나-	マナー
뜨거운 커피	hot coffee	홋또코-히-	ホットコーヒー
핫도그	hot dog	홋또독그	ホットドッグ
맥주	beer	비-루	ビール
빌딩	building	비루	ビル
커피	coffee	코-히-	コーヒー
복사	copy	코피-	コピー

감정 표현

기쁩니다	우레시-데스	うれしいです
즐겁습니다	타노시-데스	たのしいです
재미있습니다	오모시로이데스	おもしろいです
재미없습니다	쯔마라나이데스	つまらないです
기분좋습니다	키모찌(가)이-데스	気持ち(が)いいです
기분이 나쁩니다	키모찌(가)와루이데스	気持ち(が)わるいです
이상합니다/우습습니다	오까시-데스	おかしいです
행복합니다	시아와세데스	しあわせです
감동하고 있습니다	칸도~시떼이마스	感動しています
사랑합니다	아이시떼이마스	あいしています
좋아합니다	스끼데스	すきです
싫어합니다	키라이데스	きらいです
그저그렇습니다	마~마~데스	まあまあです
부럽습니다	우라야마시-데스	うらやましいです
만족합니다	만조꾸시떼이마스	まんぞくしています
유감입니다	쟌넨데스	残念です
슬픕니다	카나시-데스	かなしいです
쓸쓸합니다	사비시-데스	さびしいです
괴롭습니다	쯔라이데스	つらいです
무섭습니다	코와이데스	こわいです
실망했습니다	각까리시마시따	がっかりしました
화가 납니다	하라가 타찌마스	はらがたちます
놀랐습니다	오도로끼마시따	おどろきました
답답합니다(숨이)	이끼구루시-데스	息ぐるしいです
답답합니다	모도까시-데스	もどかしいです
참겠습니다	가만시마스	がまんします
불쌍합니다	카와이소-데스	かわいそうです

가족 호칭

우리 가족	상대방 가족	뜻	가정 내에서
父 (찌찌)	お父さん (오또-상)	아버지	お父さん(오또-상) · 파파
母 (하하)	お母さん (오까-상)	어머니	お母さん(오까-상) · 마마
両親 (료-싱)	ご両親 (고료-싱)	부모	
主人 (슈징) 夫 (옷또)	御主人 (고슈-징) だんなさま (단나사마)	남편	아나따
家内 (카나이) 妻 (쯔마)	奥さん (옥상) 奥さま (옥사마)	아내, 부인 사모님	이름
兄 (아니)	お兄さん (오니-상)	형, 오빠	お兄さん(오니-상) · 아니끼
姉 (아네)	お姉さん (오네-상)	누나, 언니	お姉さん (오네-상)
弟 (오또-또) 妹 (이모-또)	弟さん (오또-또상) 妹さん (이모-또상)	남동생 여동생	이름
兄弟 (쿄-다이)	ご兄弟 (고쿄-다이)	형제	
息子 (무스꼬)	息子さん (무스꼬상) (お)坊っちゃん (오)봇짱	아들 도련님	이름, ~짱 · 君 (쿵)
娘 (무스메)	娘さん (무스메상) お嬢さん (오죠-상)	딸 따님	이름, ~짱
子供 (고도모)	子供さん (고도모상) お子さん (오꼬상)	아이	이름
孫 (마고)	お孫さん (오마고상)	손자, 손녀	이름, 君 (쿵) · ~짱